**Em busca de um paradigma
para a midiatização**

Pedro Gilberto Gomes, SJ

Em busca de um paradigma para a midiatização

Edições Loyola

Dados Internacionais de Catalogação na Publicação (CIP)
(Câmara Brasileira do Livro, SP, Brasil)

Gomes, Pedro Gilberto
  Em busca de um paradigma para a midiatização / Pedro Gilberto Gomes. -- 1. ed. -- São Paulo : Edições Loyola, 2024. -- (Estudos & Tendências)
  ISBN 978-65-5504-409-6
  1. América Latina - Comunicação de massa 2. Comunicação 3. Mídia de massas e negócios 4. Mídia - Aspectos sociais 5. Organização social e política 6. Tecnologia da informação e da comunicação I. Título II. Série.

24-226740   CDD-302.23

Índices para catálogo sistemático:
1. Mídia : Comunicação de massa : Sociologia   302.23
Aline Graziele Benitez - Bibliotecária - CRB-1/3129

Capa: Ronaldo Hideo Inoue
  Composição sobre a imagem generativa
  de © chayantorn/Adobe Stock.
Diagramação: Sowai Tam

A revisão do texto desta obra é de
total responsabilidade de seu autor.

Apoio cultural:

Nossa sala de
aula é o mundo.

Edições Loyola Jesuítas
Rua 1822 nº 341 – Ipiranga
04216-000 São Paulo, SP
T 55 11 3385 8500/8501, 2063 4275
editorial@loyola.com.br
vendas@loyola.com.br
www.loyola.com.br

Todos os direitos reservados. Nenhuma parte desta obra pode ser reproduzida ou transmitida por qualquer forma e/ou quaisquer meios (eletrônico ou mecânico, incluindo fotocópia e gravação) ou arquivada em qualquer sistema ou banco de dados sem permissão escrita da Editora.

ISBN 978-65-5504-409-6

© EDIÇÕES LOYOLA, São Paulo, Brasil, 2024

108833

Dedico este livro
À minha mãe, Geny (*in memoriam*)
Aos colegas da linha de Midiatização e Processos Sociais:
Antônio Fausto Neto
José Luiz Braga
Jairo Getúlio Ferreira
Ana Paula Rosa.

Agradeço aos demais colegas do PPGCom da UNISINOS
e a todos os funcionários e funcionárias do Programa.
Seu apoio foi fundamental para que o Curso atingisse o seu ápice
e recebesse nota "7" da CAPES.

Quando circunstâncias alheias a sua vontade determinaram
o fechamento do Programa, não perderam o ânimo, o *élan*,
e sempre nos deram apoio e sustentação.

SUMÁRIO

Prefácio
Uma escola que segue em frente, um manifesto de resistência 11

Introdução 19

I. O camelo, o leão e o menino 21

II. Em busca de um paradigma para a midiatização 53

III. Trinta anos este ano 69

Bibliografia 97

Prefácio

UMA ESCOLA QUE SEGUE EM FRENTE, UM MANIFESTO DE RESISTÊNCIA

Dra. Ana Paula da Rosa[1]

Escrever o prefácio de um livro é sempre um convite duplo: para entrar na obra como um leitor privilegiado, com acesso às ideias e elaborações de modo antecipado, e para estabelecer um diálogo com o autor e com o público leitor na perspectiva de possibilitar que este texto se desdobre, vá além. O convite do autor para que um outro pesquisador faça a apresentação de sua obra é, sem dúvida, um reconhecimento e uma generosidade de partilha do conhecimento. Pe. Pedro, ao fazer o convite para que eu escrevesse este texto, não imaginava a demora na elaboração destas páginas. Tal demora tem uma justificativa: o livro intitulado *Em busca de um paradigma para a midiatização* não apenas apresenta uma proposição instigante sobre a necessidade social e comunicacional de pensar em um novo paradigma diante das profundas transformações do mundo, mas também reflete de modo muito intenso e agudo sobre o percurso de um dos principais programas de pós-graduação da área da Comunicação no Brasil: o PPG em Ciências da Comunicação da UNISINOS.

---

1. Professora da Programa de PPGCom até 2024. Agora, professora da UFRGS.

Este teve o anúncio de sua descontinuidade efetuado em 2022, exatamente no mesmo período em que recebeu a nota 7, isto é, de excelência máxima no sistema de avaliação da CAPES. Assim, escrever este texto demanda lidar com esta contradição: de um lado, um pensamento astuto, de avanço teórico e epistemológico, um "salto quântico", de outro, uma constatação do fim de um ciclo em seu auge. Não há como não ser tomada por sentimentos também contraditórios que, por vezes, impediram esta escrita.

Permitam-me uma breve digressão para falar de mim (o que é pouco usual num prefácio), antes de voltar a falar sobre o livro que o leitor tem em mãos. Tive a alegria e a honra de ingressar na linha de Pesquisa Midiatização e Processos Sociais como aluna em 2008. Num outro contexto institucional e da pesquisa no País, vivi anos muito especiais no curso de doutorado, partilhando aulas e debates com professores, colegas e em grupos de pesquisa que foram me constituindo enquanto pesquisadora e sujeito. Pe. Pedro, Fausto, Jairo e Braga eram referências cujas aulas tornavam-se encontros de profundo debate sobre a comunicação e seus processos transformados por novas lógicas ou, como Pe. Pedro define, "por um novo modo de ser no mundo" marcado pela midiatização. Após a conclusão do curso, nessas voltas que a vida dá, tive a oportunidade de realizar uma seleção para docente na Universidade do Vale do Rio dos Sinos, em especial para o Programa de Ciências da Comunicação, exatamente na linha de Midiatização. O sonho de atuar neste programa e nesta instituição foi sendo nutrido ao longo do tempo pela admiração da perspectiva teórica original, mas também pelo estímulo contínuo do diálogo com os professores, dentre os quais Pe. Pedro. A passagem do papel de aluna para colega e interlocutora não foi sem sobressaltos e frios na barriga. Mas a generosidade sempre foi marca dos professores da linha. Acolhida em meus primeiros passos mais autônomos de proposições, sempre tive em Pe. Pedro uma espécie de conselheiro, a quem recorria para ponderar sobre novos passos, uma voz que não me dizia o que fazer, mas me levava a refletir intensamente.

Ao ler este livro, me vi novamente na sala de Pe. Pedro, ouvindo suas posições e refletindo sobre o futuro da pesquisa em comunicação e como temos um desafio imenso diante de nós para investigar e compreender a agudização das transformações sociais em função dos processos midiáticos, cada vez mais intensos e acelerados. Nesta obra fica evidente que as chaves de leitura que aprendemos ao longo dos anos são insuficientes para pensar o presente e o futuro que se descortina diante de nossos olhos. A midiatização como um processo de inteligibilidade social, como propõe o autor, demanda outros modos de relacionamento, de métodos e abordagens. Mas, para além do desafio teórico-metodológico em si, este livro é também um manifesto, um aceno à impossibilidade de restrição do pensamento elaborado e tecido a muitas mãos no PPG em Ciências da Comunicação da UNISINOS em suas diferentes linhas de pesquisa. Ainda que este seja desativado enquanto curso, jamais o será enquanto legado teórico, crítico e epistemológico, uma vez que as proposições e os argumentos seguem mais vivos do que nunca, seguindo fluxos adiante em novas proposições, teses, dissertações e trabalhos de conclusão de curso. Pe. Pedro revela, nesta obra, que a complexidade dos processos midiáticos à luz da midiatização só principia porque sua força não está no lugar onde se instaura, mas no que nos leva a fazer.

Tive a alegria de ser coordenadora do Programa de Pós-graduação em Ciências da Comunicação. Foram quase cinco anos nessa atividade marcada por inúmeros desafios e aprendizados. Porém, a tristeza quanto à desativação ainda reverbera, como uma ferida que quase fecha, mas reabre a cada banca, cada manifestação de alunos ou egressos, nos congressos, nos debates da área e nas associações como a Compós e a Intercom. Há ainda uma espécie de incredulidade, pois o PPG da UNISINOS estava mais do que consolidado, era uma referência nacional e internacional. A demora na redação deste prefácio passa pelo processo de lidar com a ferida e com a elaboração de uma cicatrização. Uma cicatriz, como um processo de reparação tecidual, não apaga memórias, feitos, conquistas, dores. A cicatriz encobre a ferida, instalando-se como uma marca que dura. Uma cicatriz resulta de uma remodelação da pele, uma cicatriz simbólica demanda uma remodelação dos sujeitos a fim de que possam dar sequência em novos percursos.

Neste sentido, o livro *Em busca de um paradigma para a midiatização* demonstra, claramente, que, apesar de todo o longo caminho percorrido – mais de três décadas de pesquisa no Brasil, em diálogo com perspectivas latinas e europeias –, a busca continua. Isto é, trata-se de uma abordagem conceitual aberta e pujante. Pe. Pedro nos convida a pensar que paradigma é "exigido hoje para dar conta daquilo que a sociedade está vivendo em termos de midiatização"? Que paradigma nos permite entender o fenômeno na comunicação em suas múltiplas formas? Sem menosprezar o percurso histórico das teorias, o autor revisita clássicos da comunicação e, a partir da metáfora do camelo, do leão e do menino, emprestadas de Nietzsche em *Assim falou Zaratustra*, elabora uma leitura do processo evolutivo da comunicação, observando as rupturas, os saltos e as dialéticas. Dessa forma, no primeiro capítulo, problematiza a comunicação como um substrato da sociedade, cujas teorias marcam a passagem do tempo, a transformação dos ambientes, das tecnologias e das práticas. Do funcionalismo análogo ao camelo, da teoria crítica análoga ao leão, emerge, em complexificação, a midiatização como um menino que descobre o mundo, reencantando-o. Para o autor, mais do que um estágio na evolução, ele é um salto qualitativo que estabelece o totalmente novo na sociedade. O resultado desse movimento cria um ambiente (que chamamos de sociedade em midiatização) que configura para as pessoas um outro modo de ser no mundo, pelo qual os meios não mais são utilizados como instrumentos possibilitadores das relações pessoais, mas fazem parte da autocompreensão social e individual.

Diante disso, a obra que você, leitor, tem em mãos nos faz fazer, apropriando-me aqui da expressão cunhada por Didi-Huberman. Isto é, não basta que tenhamos uma postura de leitores, somos convidados a cada parágrafo a refletir e agir. A partir de um conjunto de provocações (Que sociedade nascerá? Que modo de viver se estabelecerá?), Pe. Pedro nos provoca a um fazer, já que ao longo de sua ampla trajetória como pesquisador, professor e gestor universitário muito já foi feito. Quando Pe. Pedro indaga que sociedade nascerá, ele não está preocupado com a resposta, mas com nosso movimento de buscá-la, produzindo conhecimento. No segundo capítulo, o autor busca as diferentes abordagens do conceito de midiatização, convocando diferentes autores. Seu intento não é fechar o conceito, mas, ao contrário, abri-lo, mostrando sua força. A diversidade de angulações não é vista como uma fragilidade, mas como uma potência que permite que outros conceitos se somem como objetos específicos em torno de um objeto central. Neste tópico, sua generosidade se evidencia ao dar espaço para os diferentes autores que se empenham na tessitura deste conceito com ênfase para as abordagens e proposições desenvolvidas na América Latina e, especialmente, no Brasil. Além dos colegas de vida e da linha de pesquisa no Brasil, Pe. Pedro evoca a multivocidade da midiatização. Ao mesmo tempo, enfatiza a necessidade de uma mudança de paradigma, de uma outra forma de pensar o mundo.

No terceiro capítulo, sob o título "Trinta anos este ano", o autor recorre a um jogo de palavras que Paulo Francis utilizou para se referir aos 30 anos do golpe militar. Aqui, neste livro, esse jogo de palavras se refere ao Programa de Pós-graduação em Ciências da

Comunicação da UNISINOS que, em 2024, completa 30 anos de existência. E embora a comemoração pareça impossível e impensável diante da conjuntura de seu encerramento, Pe. Pedro enfatiza que "o programa morre, mas suas realizações não". Com a dureza dessa sentença, o autor revisita o longo percurso de criação, proposição, aprovação e elaboração da identidade do programa e, consequentemente, sua contribuição para a constituição da área da comunicação no Brasil enquanto um campo científico relevante e destacado. De 1994 a 2024, centenas de mestres e doutores foram formados por este PPG, e muitos assumiram a tarefa de nuclear outras pesquisas e programas nas mais variadas regiões do País e em diferentes partes do mundo. E, num gesto de entrega para o universo, Pe. Pedro revisita teses do Programa desde o início do doutorado até as mais recentes, sem a pretensão de esgotar a varredura, já que o volume é imenso. O autor pinça trabalhos de diferentes linhas de pesquisa do programa, identificando como os processos midiáticos e a midiatização vão sendo elaborados conjuntamente, uma vez que em seu entendimento "estes pesquisadores deram ao PPGCC um protagonismo inédito no País". Ou seja, o paradigma da midiatização não inicia sua busca agora, como o título do livro pode levar a supor à primeira vista, mas já vem de um longo percurso. Porém, tal percurso não está acabado, ele é "uma janela para o futuro".

No epílogo em aberto, Pe. Pedro destaca que este livro foi escrito para que as pesquisas e reflexões dos professores e alunos que fizeram a história do Programa "não sejam engolidas pelas brumas da história e não caiam no esquecimento sistemático, destino de organizações e civilizações". O autor enfatiza o legado do programa naquilo que se materializa numa Escola da UNISINOS de Comunicação e Midiatização (considerando aqui a importância do próprio Pe. Pedro para esta materialização, além dos professores José Luiz Braga, Antônio Fausto Neto e Jairo Ferreira, a quem tive a honra de me somar). Podemos nos perguntar: O que faremos com esse legado? Como essa escola seguirá sem o espaço territorial que lhe deu um contorno? O que faremos nós após a leitura deste livro? A herança, como bem aponta o autor, fica para a pesquisa em comunicação, fica viva em cada um de nós, egressos, professores, pesquisadores, em todos que fomos tocados de alguma forma com as ideias aqui desenvolvidas.

Mas, como a aluna que se rebela contra o professor, preciso contrariar Pe. Pedro: o programa não morre. Porque um programa não é feito somente de disciplinas, ementas e infraestrutura institucional, ele é feito das ideias, dos ideais semeados, um programa de pesquisa é um programa de vida. Assim, este livro não é sobre o fim, mas sobre seguir em frente, sobre novos começos. Não é sobre ciência, método e teoria estática e fria, é sobre a teoria viva, uma espécie de "argila" moldada, remoldada, que nos dá corpo e mantém vivos. Este livro não é sobre o percurso de um conceito para que este seja eternizado em citações (ainda que isso sempre seja bom), é sobre um processo. Esta obra é sobre afeto, sobre vínculos que nunca cessam, sobre admiração recíproca e verdadeira, é sobre mentes e corações, os quais permanecem inatingíveis a qualquer tentativa de quebra. *Em busca de um paradigma para a midiatização* é, na verdade, um manifesto de resistência. Seguiremos juntos, Pe. Pedro, sempre. E esperamos que você, leitor, também.

INTRODUÇÃO

Na trajetória das pesquisas em comunicação, a preocupação sempre foi a busca por um paradigma que ajudasse a entender o fenômeno em questão. À medida que o tempo avançava, complexificava cada vez mais o paradigma, muito embora subsistisse um substrato que não mudava: o objetivo da persuasão. No entanto, a realidade avassaladora das redes sociais veio colocar em xeque esse substrato. Começava uma lenta mudança no mundo acadêmico das pesquisas em comunicação. Que paradigma é exigido hoje para dar conta daquilo que a sociedade está vivendo em termos de midiatização?

Em 1994, a Universidade do Vale do Rio dos Sinos criou o Programa de Pós-Graduação em Ciências da Comunicação – primeiro mestrado (1994) e depois doutorado (1998). Às vésperas de completar trinta anos, o Programa recebeu nota "7" da CAPES. Concomitantemente, uma decisão administrativa da Universidade determinou que o Programa seria descontinuado. Até 2026 ele estará completamente extinto.

O presente texto, conduzido pela busca de um paradigma que dê conta do atual estágio das comunicações, pretende fazer a memória das conquistas desse Programa e deixar assentadas suas contribuições para a pesquisa sobre os processos midiáticos. O Programa morre, mas as suas realizações não. O texto, igualmente, almeja homenagear os homens e as mulheres dos corpos docente, discente e administrativo que deram o melhor de suas reflexões para que o Programa de Pós-Graduação em Ciências da Comunicação fizesse a diferença nas pesquisas da área. O que, de fato, aconteceu.

Nos trabalhos do programa, a centralidade, num primeiro momento, expressou-se na análise dos processos midiáticos enquanto relacionados com os diversos campos e práticas sociais: religião, política, esporte, tecnologia, ciência e educação. Considerando que se vivia numa sociedade dos meios, estudavam-se as mútuas influências entre os diversos campos e práticas sociais. Havia a concepção de que os meios constituíam um campo social ao lado de outros, com eles se relacionando, confrontando-se e disputando espaços no imaginário social.

A preocupação e a pesquisa evoluíram ao se perceber que as tecnologias de comunicação, mais do que uma relação entre campos, estavam permeando a própria organização social e sua ambiência.

Logo, os estudos passaram a contemplar as novas interações envolvendo a internet e as redes sociais. Surgia, assim, o conceito de midiatização[1] como uma tentativa de explicar as modificações pelas quais estava passando a sociedade. A preocupação deslocava-se dos campos para a ambiência distinta que modificava as relações sociais.

---

1. Muito embora a gênese do termo tenha se dado no âmbito da Europa do Norte, onde, incialmente, chamou-se de *midialização*.

I
O CAMELO, O LEÃO E O MENINO[1]

A reflexão deste capítulo vale-se de Nietzsche, em *Assim falou Zaratustra*, com a analogia do Camelo, do Leão e do Menino. Analogicamente, pode-se dizer que cada momento da evolução da pesquisa identifica-se com o camelo, com o leão ou com o menino.

Para expressar essa evolução, utilizaremos textos do livro *Tópicos de Teoria da Comunicação*, primeira e segunda edições[2]. A evolução das pesquisas em busca de um paradigma para a comunicação contempla, simplificadamente, o funcionalismo norte-americano, a Escola de Frankfurt e a visão latino-americana[3].

---

1. Uma síntese desse ponto foi publicada nos Estados Unidos: GOMES, Pedro Gilberto. "The Camel, the Lion and the Boy: The Path to Mediatization in Latin American Communication Research". In: *COMMUNICATION RESEARCH TRENDS*. Volume 43 (2024) Number 1. http://cscc.scu.edu.

2. Ao terem sido editados pela Editora UNISINOS, não receberão outras edições, pois as atividades dessa editora foram suspensas. GOMES, Pedro Gilberto. *Tópicos de Teoria da Comunicação*. ²2004 [1995]. São Leopoldo: UNISINOS.

3. Obviamente, existem outras reflexões paradigmáticas sobre a comunicação, mas, para o que aqui interessa, serão expressas essas três visões.

1. O camelo

O camelo é um animal de carga: leva o peso dos valores estabelecidos, as cargas da educação, da moral, da cultura; leva a carga da consciência de sua responsabilidade para com tantas coisas. Sem se questionar, vai ao deserto com sua carga. Para ele é importante cumprir o seu dever. No deserto, vive somente cumprindo o dever (SANTUC, 2022, p. 16).

Pensar paradigmas comunicacionais, sistematicamente, remonta ao início dos processos de pesquisa sobre o assunto em meados do século XX. Entretanto, as ações comunicacionais organizadas encontram suas raízes mais longe no tempo.

Uma posição bem antiga tem sua origem na Grécia Antiga. Aristóteles[4] afirmava na sua obra *Poética* que na comunicação havia um *locutor*, um *discurso* e um *ouvinte*, sendo que o objetivo final era mudar o modo de pensar, influenciar o outro. Esse paradigma perdurou por séculos, já que não havia o interesse maior em estudar a comunicação, algo inerente à pessoa humana.

A partir do desenvolvimento da imprensa, potencializada pela invenção dos tipos móveis por Gutenberg, os processos comunicacionais foram se impondo como objeto de estudo.

Os Estados Unidos deram origem, de forma sistemática, aos estudos da comunicação, nos anos de 1930. Naquele momento, três grandes preocupações presidiam as pesquisas no campo: a) o estudo dos efeitos provocados pelo crescimento dos meios técnicos de comunicação; b) o estudo da propaganda política; e c) o estudo da utilização comercial-publicitária dos meios de massa (MORAGAS SPA, 1981, p. 27 ss).

---

4. Filósofo grego, discípulo que Platão, cujas ideias tiveram enorme influência na filosofia do Ocidente.

No pós-guerra, o ambiente da Guerra Fria fez com que se procurasse medir a influência internacional da União Soviética. Constata-se que houve uma evolução teórica interna da pesquisa de comunicação norte-americana. Aqui ganha corpo a estabilidade dada pelo paradigma de Lasswell (MORAGAS SPA, 1981, p. 40 ss). Para esse autor, uma maneira conveniente de descrever o ato da comunicação consiste em responder às questões: Quem diz o que, por meio de qual canal, a quem, com que efeito? A importância deste paradigma reside no fato de a sua influência ultrapassar as barreiras norte-americanas e se estender, praticamente, a toda a ciência mundial da comunicação de massas (MORAGAS SPA, 1981, p. 40). O estudo desse paradigma coloca o pesquisador no centro da ciência da comunicação de massas. Ele representa a síntese do que se poderia chamar os primeiros pressupostos da ciência da comunicação nos Estados Unidos. Com a evolução, Lasswell foi sendo criticado, tendo as deficiências de seu paradigma sido apontadas por outros pesquisadores (MORAGAS SPA, p. 41-42).

Desse modo, grande parte da ciência da comunicação que se

> desenvolve nos Estados Unidos a partir dos anos cinquenta centra seu interesse numa redefinição da estrutura comunicativa em relação, não já com os efeitos, mas com os elementos que os condiciona. (MORAGAS SPA, 1981, p. 43)

Nessa renovação, teve papel importante Paul Lazarsfeld, com os primeiros estudos empíricos. Esse autor realizou dois estudos importantes. O primeiro deles, com Berelson e Gaudet[5], escrito em 1941, estuda as variações da eleição presidencial acontecida em

---

5. *The People's Choice. Haw the Voter Makes Up his Mind in the Presidential Campaing.* Versão Castelhana. *El Pueblo elige: Cómo decide el pueblo en una campaña electoral.* Buenos Aires: Ediciones 3, 1962.

novembro de 1940 no Estados Unidos. O segundo trabalho foi realizado com Berelson e McPhee[6]. Nesses estudos se descobre o papel dos líderes de opinião e os condicionamentos que o receptor impõe aos meios de comunicação (MORAGAS SPA, 1981, p. 45 ss).

Todos os resultados desses estudos podem ser sintetizados nos seguintes pontos: 1) a comunicação não produz efeitos comportamentais ou atitudes diretamente na população; 2) a influência dos MCM é filtrada pelas estruturas societárias, principalmente os grupos de pertença do indivíduo; 3) as pessoas selecionam os meios e os conteúdos da comunicação. Os conteúdos e as ideias que se chocam com suas crenças são censuradas, ignoradas ou esquecidas; 4) a comunicação interpessoal é mais forte que a comunicação de massa. As pessoas seguem os líderes de opinião; 5) os MCM funcionam a longo prazo. Isto é, seus efeitos são de longo prazo.

Outro autor importante na pesquisa de comunicação nos Estados Unidos foi Robert Merton, que trabalhou juntamente com Lazarsfeld. Merton aplica os princípios do funcionalismo aos meios de comunicação de massa. Pensa o problema dos meios de massa a partir do funcionamento da sociedade e de seu equilíbrio interno. Merton e Lazarsfeld apontam para os meios de massa as seguintes funções: conferir *status* social a seus protagonistas, impor normas sociais. Ao mesmo tempo, conferem importância a uma disfunção dos meios de comunicação: a disfunção narcotizante. Isso demonstra uma preocupação ética com os meios de comunicação que contribuem para a apatia do indivíduo (MORAGAS SPA, 1981, p. 48 ss).

Deve-se registrar, ainda, no estudo das pesquisas sobre comunicação, os trabalhos relacionados com a análise de conteúdo. Sua história remonta à década de 1930, com a criação das Escolas

---

6. *Voting. A Study of Opinion Formation during a Presidential Campaing.* Chicago: University of Chicago Press, 1954.

de Jornalismo nos Estados Unidos. Os alunos realizam uma série de análises, sempre quantitativas, sobre os conteúdos da imprensa norte-americana. Neste campo, destacam-se os trabalhos de Lasswell e Berelson. A análise de conteúdo adquire importância nos Estados Unidos frente às exigências políticas e militares derivadas da Segunda Guerra Mundial (MORAGAS SPA, 1981, p. 52 ss). Diz Moragas Spa que "o *Content Analysis* norte-americano, como parte integrante da *mass communication research*, não é senão uma técnica auxiliar da análise dos efeitos" (p. 57).

Outra experiência de pesquisa comunicativa acontece no campo da psicologia dos efeitos, com Carl Hovland e a Escola de Yale, também relacionada diretamente com a Segunda Guerra Mundial.

> O período 1940-1950 marca, nos Estados Unidos, o nascimento desta ciência aplicada que conhecerá um notável desenvolvimento nos anos sessenta, quando as exigências da persuasão publicitária e a competitividade do mercado exigem instrumentos psicológicos mais precisos que os rudimentares com os quais se afrontou a psicologia de guerra ou a estratégia da propaganda política em meados do presente século (século XX). (MORAGAS SPA, 1981, p. 57)

Os resultados dos estudos dessa corrente, tal como havia acontecido com a análise sociológica, apontou para a superação do esquema condutivista simples, que dava uma onipotência aos meios massivos.

Os caminhos da pesquisa norte-americana passam ainda por Wilburg Schrammm, aplicador do esquema de cibernético de Shannon à comunicação humana; pela inter-relação entre cultura e meios de comunicação de massa, com a discussão entre Apocalípticos e Integrados (Veja a obra do italiano Umberto Ecco sobre *Apocalípticos e Integrados*); pelo trabalho de Herbert Schiller, com a teoria da comunicação dominante; e chega na década 1970-1980 com um momento de crise para a sociedade norte-americana (MORAGAS SPA,

1981, p. 58-107)[7]. Moragas Spa termina sua apresentação da trajetória norte-americana de pesquisa em comunicação citando George Gerbner, numa conferência na IAMCR[8] em 1976, com o título: Onde estamos e para onde deveríamos ir?

Neste sentido, creio que devemos dedicar uma maior atenção aos estudos comparativos sobre os meios, de longo alcance e interculturais, que pesquisam as políticas, processos e consequências da produção massiva dos principais sistemas simbólicos, à luz das respectivas estruturas e finalidades dos distintos sistemas sociais. Pode dizer-se, realmente, que os meios fazem o que dispõem as teorias dominantes em cada sociedade? Quais são as diferenças e as semelhanças entre eles? Quais são as consequências culturais e humanas do intercâmbio internacional do material dos meios? Quais são os efeitos da mudança cultural, tecnológica e das condições institucionais, sobre as funções sociais dos meios, especialmente da televisão? Quais são as novas exigências organizativas, profissionais, artísticas e educativas necessárias para o efetivo cumprimento das finalidades sociais dos distintos sistemas socioculturais? E, finalmente, como a libertação dos velhos laços da humanidade pode levar a condições culturais que, em lugar de limitar a visão de novas opiniões e possibilidades, a enriqueçam? (MORAGAS SPA, 1981, p. 108)

A pesquisa na Europa, de outro lado, de acordo com Moragas Spa, começa após a Primeira Grande Guerra, restringindo-se aos problemas da imprensa escrita, meio dominante na época. As óticas jurídica, histórica e filosófica constituem a contribuição metodológica básica nessa investigação. Em alguns países, como a Espanha,

---

7. Quem realizou, além de Moragas Spa, um estudo crítico da visão norte-americana de comunicação foi Luis Ramiro Beltrán em "Adeus a Aristóteles: comunicação horizontal". In: *Comunicação & Sociedade*, ano III, n. 6 (set. 1981), São Bernardo do Campo: IMS.

8. International Association for Media and Communication Research.

ela continuará até os anos 1970. Com o fim da Segunda Guerra Mundial observa-se um despertar lento da pesquisa sobre comunicação massiva que, tal como aconteceu nos Estados Unidos, segue o desenvolvimento e a evolução econômica. A influência norte-americana é grande, apesar de guardar suas características específicas (MORAGAS SPA, 1981, p. 109-110)[9]. Numa segunda etapa, junto com autores influenciados pela ciência norte-americana, se desenvolvem algumas linhas de investigação específicas. Nesse particular salientam-se os estudos semióticos de grande influência na Itália e na França, os trabalhos sobre a relação entre comunicação massiva e cultura moderna (importantes na Inglaterra) e os estudos marxistas sobre comunicação de massa, desenvolvidos nos países socialistas do Leste e em alguns países capitalistas da Europa Ocidental.

Todas as tentativas de definir o processo de comunicação vêm de Aristóteles, para quem, como já foi dito, a retórica se compunha de três elementos: *Locutor, Discurso e Ouvinte*. Portanto, aí já estavam presentes os elementos fundamentais que compõem o processo de comunicação. Alguém que fala alguma coisa para outro alguém. O objetivo principal da retórica, para Aristóteles, era a persuasão do ouvinte. Isto é, de alguma maneira o locutor queria convencer o ouvinte com suas ideias. Desejava fazê-lo mudar de opinião. Os autores que, mais tarde, procuraram compreender o processo de comunicação sempre se mantiveram presos ao esquema do filósofo grego. Entre esses autores, situam-se os norte-americanos.

Esse panorama da pesquisa em comunicação no âmbito mundial possui sua incidência na América Latina, também ela devedora

---

9. Com relação às primeiras épocas da ciência do jornalismo, a tradição filosófica, jurídica e histórica de Dovifat, Otto Groth, Fattorello, Terrou Baschwitz, Kayses etc. deve interpretar-se de forma independente das correntes norte-americanas (cf. idem, p. 110).

dos paradigmas elaborados no além-mar ou no vizinho maior do Norte.

De acordo com José Marques de Melo, a pesquisa em comunicação no continente latino-americano possui raízes no século XVIII, até o início do século XX. Entretanto, sua institucionalização como campo científico apenas aconteceu nos últimos 25 anos do século XX (MARQUES DE MELO, 1985, p. 27)[10]. Na sua resenha do panorama da pesquisa em comunicação na América Latina, ele registra o protagonismo exercido pelo CIESPAL[11], com sede em Quito, Equador. Esse organismo irradiou uma certa mística da pesquisa em comunicação. Antes do CIESPAL, a pesquisa em comunicação na região abaixo do Rio Grande[12] subsistia em atividades esporádicas (MARQUES DE MELO, 1985, p. 27).

> Quase sempre descritivas ou documentais, essas pesquisas buscavam contribuir para o registro da memória cultural, biografando jornalistas eméritos, reconstituindo o perfil de empresas editoras, catalogando periódicos que circularam numa determinada época ou analisando o impacto causado por inovações como o cinema, o disco, o rádio. [...] O caráter histórico-jurídico era predominante. A ausência de criticidade também. Não passavam de estudos monográficos, descontextualizados, simplórios[13].

Entretanto, o panorama começa a mudar por volta da década de 1950, motivado pela expansão dos meios massivos no continente. Metodologicamente, Marques de Melo identifica duas vertentes na

---

10. Cf. MARQUES DE MELO, José. "A Pesquisa em Comunicação: Trajetória Latino-americana". In: idem. *Comunicação: Teoria e Política*. São Paulo: Summus Editorial, 1985, p. 27.
11. Centro Internacional de Estudos Superiores de Comunicação para a América Latina.
12. Rio que separa os Estados Unidos do México.
13. MARQUES DE MELO, p. 27-28.

pesquisa nesse período: técnicas de compilação bibliográfica ou de análise documental e implementação dos inquéritos de opinião, que recuperam o outro lado do processo comunicativo, ou seja, a reação e as preferências dos consumidores. A postura, entretanto, ainda é elitista, pois a verificação do comportamento do público é feita a partir de interesses comerciais dos patrocinadores (MARQUES DE MELO, 1985, p. 28).

No incremento da pesquisa nos países em desenvolvimento a UNESCO teve uma ação decisiva quando se empenhou em conseguir a ampliação das redes nacionais de comunicação de massa[14]. Seu objetivo era democratizar as oportunidades de educação através da atividade dos meios eletrônicos. No rastro desse esforço, os países pobres importaram tecnologias, sistemas gerenciais, modelos científicos que exigiam recursos humanos adequados para manejá-los. É nessa conjuntura que surge na América Latina o CIESPAL como uma iniciativa da UNESCO, para desenvolver modelos adequados para a formação dos profissionais da comunicação que atendessem às emergentes necessidades socioculturais. Seu objetivo primário era remodelar o ensino universitário de comunicação, propondo um modelo e sugerindo os conteúdos (MARQUES DE MELO, 1985, p. 29)[15]. Nesse esforço de formação profissional, insere-se a pesquisa

---

14. Seu estudo mais abrangente e completo foi publicado em 1980. *Un solo mundo, múltiplas voces*: Sean MacBride y otros. Unesco. Fondo de Cultura Económica: México / Unesco París, 1ª edición 1980. A explicação do livro, em espanhol, afirma: Informe final de la Comisión Internacional para el Estudio de los Problemas de la Comunicación, de la UNESCO, publicado en 1980. La comisión presidida por Sean MacBride e integrada por expertos de 16 países se abocó a estudiar "la totalidad de los problemas de comunicación dentro de las sociedades modernas". Diferentes problemas son analizados: control gubernamental, censura, monopolio y comercialización de los medios de comunicación, dominio cultural, el poder de las sociedades transnacionales y el simple derecho a informar.

15. Fátima Aparecido Feliciano estudou profusamente a ação do CIESPAL no ensino de comunicação na América Latina (*Jornalismo: a prática e a gramática* –

em comunicação na região. Por influência do CIESPAL, disseminam-se dois modelos de pesquisa na América Latina: estudos de morfologia e conteúdo da imprensa e estudos sobre o comportamento do público consumidor dos meios de comunicação. Os primeiros orientados metodologicamente pelo francês Jacques Kayser e os segundos inspirados nas técnicas norte-americanas de leiturabilidade e de análise de audiência (MARQUES DE MELO, 1985, p. 29).

A década de 1960 apresenta três matrizes nítidas na pesquisa continental: os estudos acadêmicos tradicionais, os levantamentos comerciais e as pesquisas universitárias, influenciadas pelo CIESPAL. Entretanto, um quarto setor de pesquisa começa a ganhar força: a pesquisa difusionista. Alicerçada nas pesquisas universitárias, orienta-se para a adoção de tecnologia agrícola. Marques de Melo aponta o principal equívoco dessa pesquisa: o seu pressuposto básico. Segundo este, a comunicação por si só seria capaz de desencadear inovações, gerar desenvolvimento, independente das condições políticas e socioeconômicas (MARQUES DE MELO, 1985, p. 30).

2. O leão

Mas o deserto é, igualmente, o lugar das grandes experiências espirituais e das conversões, e o camelo pode metamorfosear-se em leão, que destrói as estátuas, pisoteia as cargas e critica todos os valores estabelecidos, tanto da religião quanto da tradição. Critica a modernidade. No campo da comunicação, a reação começa com a recusa da visão funcionalista da comunicação, herdada dos estudos norte-americanos.

A questão da influência do projeto pedagógico UNESCO/CIESPAL nos rumos do ensino de jornalismo no Brasil. São Paulo, 1987, 267 p. Tese, Mestrado, ECA/USP).

A postura funcionalista, acrítica e conformista da pesquisa em comunicação recebeu uma reação crítica. Perplexa ante o impacto da indústria cultural no continente, emerge a pesquisa-denúncia de inspiração frankfurtiana que detecta a expansão das empresas multinacionais e diagnostica o avanço da ideologia do consumo. Em contraposição à visão funcionalista dos Meios de Comunicação de Massa, surge e se desenvolve a Teoria Crítica, historicamente identificada com a Escola de Frankfurt.

A Teoria Crítica procura ver a sociedade como um todo, contrapondo-se às disciplinas setoriais que parcializam a sociedade. Pretende, portanto, ser o oposto do funcionalismo, evitando a função ideológica das ciências e das disciplinas setorizadas (WOLF, 1987, p. 71). Aquilo que as ciências consideram "dados de fato", a Teoria Crítica vê como produtos de uma situação histórico-social específica (WOLF, 1987, p. 71).

Por isso, Horkheimer diz que

> os fatos que os sentidos nos transmitem são pré-fabricados socialmente de dois modos: através do caráter histórico do objeto percebido e através do caráter histórico do órgão perceptivo. Nem um nem outro são meramente naturais; são, pelo contrário, formados pela atividade humana. (WOLF, 1987, p. 72)

Desse modo, todas as ciências sociais, reduzidas a meras técnicas de pesquisa, recolha, classificação dos dados "objetivos", fecham para si próprias a possibilidade de alcançar a verdade, pois ignoram, de maneira programática, suas intervenções sociais (WOLF, 1987, p. 72). Ela move-se dentro da perspectiva da dialética, entendida na sua concepção marxista.

Enquanto a Escola Norte-americana se preocupava em estudar o grupo, pesquisando o comportamento humano, a Escola Europeia, da qual faz parte a Teoria Crítica, se preocupa com o estudo da produção, com o estudo do conteúdo, com a Ideologia. Pode-se dizer que elas se distinguem uma da outra tanto pela Perspectiva (uma parte do público, outra parte do emissor) quanto pela Metodologia (uma faz pesquisa de campo sobre o comportamento do público, outra faz um estudo do conteúdo das mensagens, portanto da ideologia), pela Teoria (uma afirma a função social dos MCS, outra afirma a dominação exercida pelos MCS) e pela conclusão (uma conclui pelo poder da sociedade sobre os meios, outra conclui pelo poder dos meios sobre a sociedade).

Na perspectiva da Escola de Frankfurt,

> o conceito de "indústria cultural" foi usado pela primeira vez por Adorno e Horkheimer. (Na indústria cultural), "os filmes, rádio e semanários constituem um sistema. Cada setor se harmoniza entre si e todos se harmonizam reciprocamente". (ADORNO; HORKHEIMER, 1978, p. 159-204)
> Aquilo que a indústria cultural oferece de continuamente novo não é mais que a representação, sob formas sempre diferentes, de algo que é sempre igual; a mudança oculta um esqueleto no qual muda tão pouco como no próprio conceito de lucro, desde que este adquiriu o predomínio da cultural. (WOLF, 1987, p. 74)
> No sistema da indústria cultural, o processo operativo integra cada elemento, desde o enredo do romance que já tem em mira as filmagens, até ao último dos efeitos sonoros: os cineastas examinam com desconfiança qualquer manuscrito em que não se encontra já um tranquilizante *"best-seller"*. (WOLF, 1987, p. 74)

Portanto, "a máquina da indústria cultural, ao preferir a eficácia dos seus produtos, determina o consumo e exclui tudo o que é novo, tudo o que se configura como risco inútil" (WOLF, 1987, p. 74).

O indivíduo, nesta situação, deixa de decidir por si próprio. "O conflito entre impulsos e consciência soluciona-se com a adesão acrítica aos valores impostos" (WOLF, 1987, p. 74).

Citando Adorno, Wolf afirma que o "homem se encontra em poder de uma sociedade que o manipula a seu bel-prazer: o consumidor não é soberano, como a indústria cultural queria fazer crer, não é o seu sujeito, mas o seu objeto" (WOLF, 1987, p. 74). Toda a vida do indivíduo está programada. Mesmo seu tempo livre está programado para ser uma extensão do processo produtivo do trabalho. Tudo gira em torno da produção, mesmo o tempo que as pessoas têm para o seu lazer.

> A individualidade é substituída por uma pseudoindividualidade. O sujeito encontra-se vinculado a uma identidade sem reservas com a sociedade. A ubiquidade, repetitividade e a estandardização da indústria cultural fazem da moderna cultura de massa um meio de controle psicológico inaudito. (WOLF, 1987, p. 75)

Na indústria cultural, quanto mais anônimo é o público, mais existe a possibilidade de ser integrado. Tudo isso tem a sua influência na qualidade do consumo dos produtos culturais. Segundo Adorno e Horkheimer,

> a atrofia da imaginação e da espontaneidade do consumidor cultural de hoje não tem necessidade de ser explicada psicologicamente. Os próprios produtos, desde o mais típico, o filme sonoro, paralisam aquelas faculdades pela sua própria constituição objetiva. (ADORNO; HORKHEIMER, 1978, p. 165)

Para poder acompanhar o que se passa na tela, o observador deve prescindir de toda reflexão sobre o que está vendo. Os produtos culturais são feitos para um consumo descontraído, sem maiores compromissos.

> O espectador não deve agir pela sua própria cabeça: o produto prescreve todas as reações: não pelo seu conteúdo – que desaparece tão logo se dirige para a faculdade pensante –, mas através de

sinais. Toda conexão lógica que exija alento intelectual é escrupulosamente evitada. (idem, p. 175)

Disso, inferem-se os efeitos pretendidos pela dinâmica cultural. Nesse particular, ainda citando Adorno, Wolf descreve a estratégia de manipulação da indústria cultural:

> tudo quanto ela comunica foi organizado por ela própria com o objetivo de seduzir os espectadores a vários níveis psicológicos, simultaneamente. Com efeito, a mensagem oculta pode ser mais importante do que a que se vê, já que aquela escapará ao controle da consciência, não será impedida pelas resistências psicológicas aos consumos e penetrará provavelmente no cérebro dos espectadores. (WOLF, 1987, p. 78)

Consequentemente,

> a manipulação do público – perseguida e conseguida pela indústria cultural entendida como forma de domínio das sociedades altamente desenvolvidas – passa assim para o meio televiso, mediante efeitos que se põem em prática nos níveis latentes das mensagens. Estas fingem dizer uma coisa e dizem outra, fingem ser frívolas, mas, ao situarem-se para além do conhecimento do público, reforçam o seu estado de servidão. Através do material que o observa, o observador é continuamente colocado, sem o saber, na situação de absorver ordens, indicações, proibições. (WOLF, 1987, p. 79)

Outro aspecto a ser considerado diz respeito aos gêneros utilizados pela indústria cultural como forma de domínio. Esta, em sua estratégia, possui múltiplas táticas. Uma delas consiste na criação de estereótipos.

> Os estereótipos são um elemento indispensável para se organizar e antecipar as experiências da realidade social que o sujeito leva a efeito. Impedem o caos cognitivo, a desorganização mental, constituem, em suma, um instrumento necessário de economia

na aprendizagem. Como tal, nenhuma atividade pode prescindir deles; todavia, na evolução histórica da indústria cultural, a função dos estereótipos alterou-se e modificou-se profundamente. (WOLF, 1987, p. 79)

A divisão do conteúdo da televisão, por exemplo, em vários gêneros, levou ao desenvolvimento de formas rígidas, fixas. Essas normas são importantes porque definem

> o modelo de atitude do espectador, antes de este se interrogar acerca de qualquer conteúdo específico, determinando, assim, em larga escala, o modo como esse conteúdo é percebido. Por isso, para se compreender a televisão, não basta destacar as implicações dos vários espetáculos e dos vários tipos de espetáculo; deve examinar-se também os pressupostos em que essas implicações funcionam, antes de se pronunciar uma única palavra. É importantíssimo que a classificação dos espetáculos tenha ido tão longe que o espectador se aproxima de cada um deles com um modelo estabelecido de expectativas, antes de se encontrar perante o próprio espetáculo. (WOLF, 1987, p. 79)

Dentro dessa perspectiva, a teoria crítica denuncia a contradição entre indivíduo e sociedade como um produto histórico da divisão de classes e se opõe às doutrinas que descrevem essa contradição como um dado natural.

A indústria cultural designa o "conjunto de complexos empresariais ligados ao chamado setor de comunicações de massas, bem como seus produtos, em um determinado país ou região" (GOLDSTEIN, 1983, p. 28). Essa realidade está ligada à fase monopolista do sistema capitalista. Pois, embora a indústria cultural tenha se desenvolvido lentamente junto com o sistema capitalista, somente nessa fase de monopólio é que pode atingir a sua configuração plena.

Entre as principais características da indústria cultural encontra-se a realidade de que suas mensagens possuem uma lógica de produção e distribuição semelhantes às demais mercadorias no sistema capitalista.

> São elaboradas no interior de grandes complexos empresariais, altamente concentrados do ponto de vista técnico e econômico. São produzidas em escala industrial, num esquema muitas vezes marcados por alto grau de divisão de trabalho [...]. (GOLDSTEIN, 1983, p. 28)

Noutras palavras, embora sejam individualizados como produtos, obedecem a uma padronização na sua estrutura. O critério absoluto para a sua produção e a sua distribuição é a rentabilidade. Importa o lucro. São totalmente mercadorias destinadas à venda massiva, visando ao lucro. É importante marcar a diferença com os produtos culturais que também são mercadorias. Estes obedecem a uma lógica de produção totalmente distinta da lógica do sistema social. Eles são únicos na sua criação e na sua produção.

Tal não acontece com a lógica produtiva da indústria cultural. Embora

> os diversos complexos empresariais deste setor não estejam todos formalmente interligados (uns concorrem com os outros comercialmente), todos atuam sob a mesma lógica e numa direção semelhante. Neste sentido, constituem um **sistema**, que tende a se tornar ubíquo, ocupando, por assim dizer, o espaço destinado ao lazer, à reflexão, à arte, à cultura. (GOLDSTEIN, 1983, p. 29)

Não sendo arte nem cultura, esses produtos apresentam-se como tais. Entretanto, pertencem e situam-se numa esfera distinta, não só por suas regras, mas também pela maneira como se relacionam e abordam a realidade. Isto é,

> tendem a fornecer uma visão que não transcende o real imediato, ou seja, não vai além da forma pela qual a sociedade se nos

apresenta; neste sentido, caracterizam-se como ideologia. Isto se deve ao princípio operativo básico da produção das mensagens da indústria cultural, derivado da expectativa de lucro dos empresários do setor: a grande (quando não a única) fonte de receitas da maioria dos **mass media** é a publicidade, que patrocina as mensagens veiculadas. (GOLDSTEIN, 1983, p. 29)

A quantidade de anúncio, portanto de dinheiro, que um veículo pode receber está diretamente ligada à capacidade de difusão que possui. Portanto, objetiva-se desenvolver, ao máximo, as capacidades de difusão de um produto. Isso determina a produção das mensagens. Como a experiência ensina que as pessoas muito dificilmente aceitam mensagens que contrariem seus valores básicos, as mensagens da indústria cultural procuram nunca ferir esses valores. Como os valores básicos de uma sociedade confundem-se com a ideologia dominante, os produtos da indústria cultural nunca irão contrariar essa ideologia. Mais ainda. Com o advento da indústria cultural, "a ideologia passa a ser produzida industrialmente, nos mesmos moldes que regem a chamada produção material do capitalismo" (GOLDSTEIN, 1983, p. 30). Entretanto, no caso da indústria cultural, deve-se falar, antes, em reprodução do que em produção da ideologia. Ela reproduz, em seus produtos e sua lógica, a ideologia dominante. A ideologia que acontece nas tramas sociais serve de base para a confecção dos produtos da indústria cultural. Desse modo, para se analisar a realidade da indústria cultural, devemos ver a sociedade como um todo, na sua estruturação. A lógica da sociedade capitalista monopolizadora invadiu tudo, inclusive a produção cultural. A divisão de trabalho existe e se impõe também dos veículos assim chamados de culturais.

> A indústria cultural, por sua vez, integra-se diretamente no processo de acumulação capitalista, seja enquanto espaço de investimento em si mesma, seja enquanto instrumento da atividade

publicitária, a qual, de seu lado, facilita também o processo de acumulação na medida em que ajuda a abreviar o tempo de circulação do capital, ao promover as vendas das mercadorias anunciadas. Mas é enquanto aparato industrial de reprodução e difusão em larga escala da ideologia que a indústria cultural talvez preste seu maior serviço ao capitalismo monopolista: envolvendo o ser humano em seu momento de lazer, reforça e complementa, com suas mensagens características, o domínio sobre ele exercido pelo capital no momento de trabalho. O mundo do lazer torna-se, com a indústria cultural, um mero prolongamento do universo do trabalho. (GOLDSTEIN, 1983, p. 31)

Enquanto alguns estudos não ultrapassam a constatação de novos fenômenos, outros identificam as ramificações imperialistas e apontam os perigos que corre a soberania dos povos. Contudo, a influência desta reação é muito restrita, pois os modelos de inspiração "ciespaliana" ainda predominavam na maioria das escolas de comunicação (GOLDSTEIN, 1983, p. 31).

Por um lado, há uma tendência deslumbrada que aceita o avanço do capitalismo, sem questionar suas origens e suas motivações. De outro lado, existe um segmento mais reduzido que opta pela rejeição, denunciando seus efeitos devastadores sobre as culturas nacionais, não levando em conta suas contradições. Entretanto, novas situações políticas na América Latina vêm dar outra dimensão à pesquisa de comunicação: as transformações acontecidas no Peru e no Chile (GOLDSTEIN, 1983, p. 31)[16]. As experiências levadas a cabo nestes países

---

16. Diz Marques de Melo que "de repente, o dinamismo político latino-americano produz o confronto entre os pesquisadores da comunicação e as transformações em processo. No Peru, a expropriação dos grandes jornais diários e a perspectiva da sua entrega aos setores populares introduz a temática da estrutura do poder comunicacional e sua ligação direta com o monopólio do poder político e econômico desfrutado pelas oligarquias. No Chile, a transição pacífica para o socialismo coloca a questão das novas formas de gestão dos meios de comunicação numa sociedade democrática e das suas responsabilidades culturais" (idem, ibidem).

exerceram grande influência nos pesquisadores da comunicação, pois colocavam em pauta a possibilidade de a pesquisa deixar de ser uma atividade abstrata para se transformar em instrumento eficaz no processo de mudança social. No Chile destacam-se: a interpretação estrutural-marxista de Armand Mattelart[17] e a análise cristã-marxista do brasileiro Paulo Freire. Este último aponta para o cerne do processo de dominação social: a ausência de dialogicidade na comunicação cotidiana e sua projeção no silêncio secular das populações oprimidas de todo o continente (MARQUES DE MELO, 1985, p. 31-31)[18].

No Peru, a coragem do governo militar-nacionalista de enfrentar o núcleo do poder oligárquico suscita nos pesquisadores o interesse por desvendar as tramas do macrossistema político e o papel desempenhado pelos sistemas nacionais de comunicação na formação da opinião pública.

Nesta conjuntura, o CIESPAL promove, em 1973, na Costa Rica, o primeiro encontro dos pesquisadores latino-americanos dedicados à comunicação. Este encontro reconheceu o caráter dependente da teoria da comunicação e da metodologia da pesquisa existentes na região; propôs a busca de alternativas teóricas e metodológicas capazes de oferecer soluções para os problemas enfrentados pelos países latino-americanos (MARQUES DE MELO, 1983, p. 32-33). Isso significou uma mudança radical no panorama e trouxe consequências imediatas.

---

17. Vários de seus livros foram traduzidos no Brasil. Os mais conhecidos são: *As Multinacionais da Cultura*. Rio de Janeiro: Civilização Brasileira, 1976; *Para ler o Pato Donald*. Rio de Janeiro: Paz e Terra, 1980 (este livro escrito juntamente com Ariel Dorfmann). Outro livro de Mattelart é *La Comunicación Masiva en el Proceso de Liberación*. Buenos Aires: Siglo XXI, 1973.

18. O livro mais famoso de Paulo Freire é: *Educação como Prática de Liberdade*. Rio de Janeiro: Paz e Terra, 1967. Além desses, destacam-se: *Pedagogia do Oprimido*. Rio de Janeiro: Paz e Terra, ²1975; *Extensão ou Comunicação?* Rio de Janeiro: Paz e Terra, 1971.

A recusa do arsenal científico predominante (funcionalismo norte-americano) provocou a adoção de novos modelos, importados (principalmente a semiologia estrutural francesa). (MARQUES DE MELO, 1983, p. 33)

A tentativa de se construir alternativas metodológicas autóctones esbarrou nas limitações epistemológicas de muitos pesquisadores, conduzindo a formas de militância política confundidas com inovações científicas (MARQUES DE MELO, 1983, p. 33). Em 1984, Marques de Melo sublinhava que os pesquisadores da comunicação ainda continuavam, na América Latina, dependentes de padrões científicos importados. Não foram aprofundadas o suficiente as trilhas abertas pela comunicação dialógica de Paulo Freire e pela propriedade social dos meios de comunicação aventada pelo nacionalismo peruano (MARQUES DE MELO, 1983, p. 33-34).

A partir da segunda metade dos anos 1970, principalmente em virtude da crise econômica que se abateu sobre o continente, houve um decréscimo na pesquisa. O próprio CIESPAL se retraiu. Ao mesmo tempo, abriram-se novos espaços de reflexão e pesquisa[19]. A produção destes centros tem se concentrado em três linhas: a) a comunicação transnacional; b) a comunicação popular e alternativa; e c) as tramas ideológicas dos meios massivos (MARQUES DE MELO, 1983, p. 34-35).

Fazendo um balanço da trajetória, Marques de Melo diz que o saldo foi positivo. Para ele, há um deslocamento de um estágio de completa dependência teórica e metodológica para uma situação consciente de tal subordinação externa que inicia um processo de

---

19. Destacam-se: o Instituto Latino-americano de Estudos Transnacionais, fundado no México, atualmente no Chile e na Argentina, com âmbito continental. De âmbito nacional, a Sociedade Brasileira de Estudos Interdisciplinares de Comunicação, no Brasil; o Centro de Indagación y Expresión Cultural y Artística (CENECA), no Chile; e Equipo Comunicación, da Venezuela.

autonomização investigativa a partir dos desafios da realidade. Afirma que a tarefa dos pesquisadores da comunicação é contribuir para a construção de sistemas de comunicação que sejam reflexo e motores das sociedades que se deseja construir (MARQUES DE MELO, 1983, p. 38). Termina seu balanço citando Jesús Martín Barbero, no início da década de 1980, que dizia:

> A época das grandes denúncias – sempre necessárias – parece dar passagem a um outro trabalho mais obscuro, porém não menos arriscado e difícil: a luta contra um neopositivismo ambiente que torna a opor, agora de modo mais ladino e sofisticado, o trabalho científico ao trabalho político. (MARQUES DE MELO, 1983, p. 38)[20]

À primeira vista, as abordagens sobre o paradigma de comunicação diferem bastante no funcionalismo e na teoria crítica. O camelo transforma-se no leão, lutando contra a carga que conduz. Entretanto, parece que isso não é tão simples. Enquanto um leva a carga humildemente, o outro rebela-se e tenta destruir a carga. Existe algo que não é questionado nem pelo camelo nem pelo leão: a existência e a identidade da carga. A carga é anterior aos dois e permanece intocada na sua essência. Rebelam-se contra o ato de levar a carga, não contra a sua existência.

No caso da comunicação, há um dado de realidade não contestado: o paradigma comunicação que vem desde Aristóteles. No

---

20. Jesús Martín Barbero, juntamente com Luis Ramiro Beltrán, é o pesquisador que vem tentando uma perspectiva latino-americana para a pesquisa em comunicação social. Seu artigo "Desafios à Pesquisa em Comunicação na América Latina", *Boletim INTERCOM*, 49-50, São Paulo, 1984, p. 24-35, traz uma excelente resenha da pesquisa comunicativa no continente e apresenta uma bibliografia bem ampla. Quem também traz uma boa bibliografia sobre o assunto é LOPES, Maria Immacolata Vassalo. *Pesquisa em Comunicação*. Formulação de um modelo metodológico. São Paulo: Loyola, 1990.

processo de comunicação há três movimentos primários: locutor, discurso e ouvinte. Essa é a pedra de toque, que nem o funcionalismo nem a escola crítica colocam em xeque. Essa é tarefa do menino.

3. O menino

O leão pode sofrer uma transformação e converter-se em menino, isto é, em jogo e novo início. É isso que é o menino. Ou seja, o leão pode se libertar para ser criador de novos valores e de novos princípios de avaliação das coisas, tornando-se, assim, menino. O menino é o artista, redentor do círculo vicioso da existência, vivida e interpretada como algo a justificar (com a ciência, a revolução etc.) (SANTUC, 2022, p. 17).

Essa metamorfose não acontece num dia, abruptamente. Há um longo e penoso caminho de transformação que acarreta questionar a essência da carga, produzindo uma nova carga de acordo com as circunstâncias.

Em termos de paradigma da comunicação, a necessidade de transformação é árdua e exige coragem e idealismo. Tomando como exemplo a reflexão que brotou na América Latina, constata-se que o processo se iniciou nos anos de 1960. Os primeiros reflexos foram aparecendo devagar, e sessenta anos depois ainda está no começo. Apenas se levanta a fímbria do manto do que virá. Há que se reconhecer que o extremo desenvolvimento tecnológico está possibilitando a proliferação das redes sociais, e o paradigma antigo é um cobertor curto que não dá conta de explicar o que está acontecendo. Vejamos o processo.

No continente latino-americano também se pensou em termos de Teoria da Comunicação. Anamaria Fadul afirma que "na década de 1980 a América Latina é palco de uma série de acontecimentos que marcaram profundamente os estudos sobre a comunicação"

(FADUL, 1989, p. 69). Depois de fazer uma breve caracterização da realidade, tanto do ponto de vista político quanto econômico e cultural, constata:

> Neste contexto se percebe a insuficiência de uma Teoria da Comunicação que continua tendo como ponto de partida a Teoria da Dependência e a Teoria da Manipulação. Se por um lado não se pode minimizar os efeitos da influência econômica, política e cultural dos Estados Unidos na América Latina, por outro lado a Teoria do Imperialismo Cultural, consequências das concepções anteriores, é incapaz de dar conta da atual situação latino-americana. (FADUL, 1989, p. 70)

Entre os pensadores que se preocuparam com essa nova realidade destaca-se o pioneirismo do professor Luis Ramiro Beltrán, com sua proposta de se dar um "Adeus a Aristóteles".

a. *Luis Ramiro Beltrán e o "Adeus a Aristóteles"*

O problema da comunicação, no entendimento de Luis Ramiro Beltrán, envolve, no mundo contemporâneo, uma batalha feroz. Enquanto os países do chamado Terceiro Mundo rebelam-se contra as três classes de dependência a que se acham submetidos – dominação política, econômica e cultural –, o Primeiro Mundo empenha-se em manter seus privilégios. A dependência cultural é a grande novidade das últimas décadas. Na década de 1980, o reconhecimento de que a comunicação estava a serviço das três classes de dominação neocolonialista apareceu definitivamente.

A luta se trava principalmente no campo comunicacional, visto como paradigma de todas as dominações. Para Luis Ramiro Beltrán,

> o conflito envolve várias áreas importantes de preocupação. Os dirigentes políticos, os estrategistas do desenvolvimento, os

> pesquisadores e profissionais da comunicação nos países em desenvolvimento estão, por sua vez, objetando as estruturas, operações, financiamentos, ideologia e influência de certas poderosas organizações internacionais da comunicação. (BELTRÁN, 1981, p. 6)

Ao mesmo tempo, os conceitos tradicionais de comunicação nascidos nos países desenvolvidos começam a ser questionados. Isto é, "a própria conceitualização da natureza de comunicação, vinda dos países desenvolvidos, começa a ser questionada agora nos países em vias de desenvolvimento" (BELTRÁN, 1981, p. 7).

Para Beltrán, no campo da Teoria da Comunicação, todas as definições que se deram ao fenômeno remontam a Aristóteles, tal como foi explicitado acima.

Agora, a partir da América Latina, Luis Ramiro Beltrán diz que chegou o momento de se dar um "Adeus a Aristóteles". Segundo ele, as subsequentes explicações que foram dadas sobre o fenômeno da comunicação social, a começar pela descrição de Aristóteles até alcançar as sofisticadas intervenções da cibernética e suas propostas de retroalimentação, em nada realmente transformaram ou ajudaram na compreensão do processo.

> Em resumo, a definição tradicional de comunicação descreve-a como ato ou processo de transmissão mensagens de fonte a receptores através do intercâmbio de símbolos [...] por meio de canais transportadores de sinais. Neste paradigma clássico, o alvo principal da comunicação é o propósito de afetar, numa certa direção, o comportamento do receptor: deseja produzir certos efeitos sobre a maneira de sentir, pensar e agir do receptor; ou, noutras palavras, persuadi-los. A retroalimentação é um útil instrumento para o alcance das metas do comunicador. (BELTRÁN, 1981, p. 9)

Por isso mesmo, este modelo já começou a sofrer críticas dentro dos próprios países desenvolvidos.

Dois pressupostos básicos da definição tradicional são questionados. De um lado, a noção mecânica da transmissão do conhecimento de uma mente para outra por meio de sinais conduzidos por algum canal é substituída pela ideia de que os símbolos são meros estímulos provocados pela fonte sobre o receptor, com a esperança de que poderão levá-lo a recuperar, a partir de sua experiência, os significados aí implícitos e assim, provavelmente, obter dele as respostas comportamentais pretendidas. [...] De outro lado, a reformulação continha uma relação de interação em vez de conceber a ação apenas na fonte ou no emissor do estímulo. (BELTRÁN, 1981, p. 13)

A comunicação é vista, então, como processo. Com isso, ganha relevância o conceito de retroalimentação. Esta crítica conceitual não sofreu maiores reparos. Entretanto, na prática diária tais conceitos tiveram uma aplicação insignificante. Isto é, a prática atraiçoa a teoria. O treinamento ainda parece basear-se na noção de transmissão, e muitos estudos continuam a considerar a comunicação como algo estático. Desse modo, "ainda que o discurso profissional reconheça amplamente a natureza bidirecional da comunicação, na prática o que predomina é o paradigma tradicional unilinear..." (BELTRÁN, 1981, p. 14).

Outra crítica que se faz à definição clássica é a confusão entre comunicação e informação. Pois,

> comunicar refere-se a um processo bilateral que contém elementos emocionais e cognitivos e que ocorre tanto em forma verbal quanto não verbal. De outro lado, informar refere-se a um processo de comunicação verbal dirigido predominantemente pelo conhecimento. (BELTRÁN, 1981, p. 17)

Luis Ramiro Beltrán resume assim as críticas ao modelo tradicional de comunicação surgidas no interior dos países desenvolvidos:

> (1) As definições e os modelos tradicionais são unilineares e propõem a noção mecânica da comunicação como a transmissão de

informação de fontes ativas a receptores passivos. De fato, não há transmissão; há apenas provocação de significados já existentes nas pessoas que, ao decodificarem os símbolos, participam ativamente. (2) Esses modelos baseiam-se, além disso, na noção crônica de que a comunicação é um ato, um fenômeno estático no qual a fonte é privilegiada; a comunicação é, na verdade, um processo no qual todos os elementos atuam de forma dinâmica. Assim, a comunicação é eminentemente um fato de relações sociais, um fenômeno de intercâmbio múltiplo de experiências, e não mero exercício unilateral de influência individual. (3) Os modelos, finalmente, induzem à confusão entre informação, que pode ser transferida mediante ato unilateral, e comunicação, diferente e mais amplo do que a informação, uma vez que sua natureza bilateral envolve necessariamente interação que busca comunidade de significados ou de consciência. (BELTRÁN, 1981, p. 17)

Entretanto, todas essas críticas e precisões, por surgirem no interior dos países desenvolvidos, incluem aspectos de interesse de suas respectivas sociedades. Outros aspectos, que não estão dentro de suas preocupações, são excluídos. Um desses aspectos é a persuasão. Com raras exceções, as restrições a estes conceitos não surgiram dentro dos Estados Unidos. Nessa sociedade, a manipulação do comportamento das pessoas, por meio da comunicação, sempre pareceu natural. Foi na América Latina que estas críticas surgiram com mais vigor (BELTRÁN, 1981, p. 18ss). Aqui, a persuasão é vista como instrumento do *status quo*. O mesmo acontece com o conceito de retroalimentação, utilizado para facilitar o mercantilismo e a propaganda. A retroalimentação é vista na América Latina como um privilégio de fontes que permitem a resposta dos receptores. Por outro lado, os latino-americanos consideram que a alienação é a imposição de uma ideologia: a ideologia capitalista. Por último, todo o sistema expressa uma comunicação vertical e autoritária.

Diante da situação, Luis Ramiro Beltrán diz que

> o que ocorre seguidamente sob o nome de comunicação é pouco mais do que um monólogo dominante em benefício do iniciador do processo. A retroalimentação não é empregada para proporcionar a oportunidade de diálogo autêntico. O receptor das mensagens é passivo e está submetido. Uma vez que nunca se lhe dá a oportunidade adequada para atuar também como verdadeiro e livre emissor, seu papel consiste em escutar e obedecer. Tão vertical, assimétrica e quase autoritária relação social constitui [...] uma forma antidemocrática de comunicação. [...] devemos ser capazes de construir um novo conceito de comunicação – um modelo humanizado, não elitista, democrático e não mercantilista. (BELTRÁN, 1981, p. 23)

A partir dessa posição, começou-se a repensar a compreensão de comunicação no continente, assim como a sua importância para a vida humana. Em vista disso, o processo comunicativo é compreendido como:

> um processo de integração social democrática baseado no intercâmbio de símbolos mediante os quais os seres humanos compartilham voluntariamente suas experiências sob condições de acesso livre e igualitário, diálogo e participação. Todos têm direito à comunicação por meio de utilização dos recursos de comunicação. Os seres humanos comunicam-se com múltiplos propósitos. O principal não é o exercício de influência sobre o comportamento dos outros. (BELTRÁN, 1981, p. 31)

b. *Jesús Martín Barbero e a relação massivo-popular*

Com a realidade da urbanização no continente, o massivo começou a ser estudado sob outro prisma. Diz-se que

> durante muito tempo estigmatizado do popular puro e autêntico, identificado com uma cultura de origem rural, o massivo começou a ser estudado a partir de outra realidade: a das massas humanas. (FADUL, 1989, p. 74).

Com essa posição, começou-se lentamente a superar a oposição entre o massivo e o popular. A posição que afirmava esta dicotomia, ignorava que

> nunca houve uma ruptura entre as diferentes formas de cultura, nem mesmo no passado, pois a cultura não é uma coisa estática, ela sempre incorporou elementos das diferentes culturas, isto é, das manifestações da cultura erudita, popular, massiva cruzada com aquelas da cultura local, nacional e internacional. (FADUL, 1989, p. 74)

Desse modo, quando se nega ao rádio e à televisão o *status* de populares, evidencia-se uma concepção de cultura que usa a cultura clássica como critério fundamental para a crítica do massivo.

> Ainda nessa linha de pensamento se poderia dizer que o popular e o nacional se cruzam até mesmo na televisão latino-americana. Em muitos países se nota o aumento da produção nacional em detrimento da produção importada norte-americana. O desafio para os pesquisadores da comunicação não é negar o caráter popular desses programas, mas sim compreender as razões do seu êxito. (FADUL, 1989, p. 76)

Para dar conta desse fenômeno, nossos pesquisadores estudam o Mercado Cultural do Melodrama na América Latina. A telenovela situa-se na linha de reaproveitamento do melodrama, nossa tradição histórica. Analisam-se as telenovelas como formas de resistência à indústria cultural norte-americana. Mais ainda, no que tange às massas, a integração cultural latino-americana se dá através das telenovelas. Até os países desenvolvidos estão se preocupando com esse fenômeno, estudando-o exaustivamente. Também aqui se impõe o seu estudo.

"Entre as várias formas buscadas para sua compreensão se delineia com nitidez a necessidade do conhecimento de seus gêneros e subgêneros" (FADUL, 1989, p. 80). Nesse particular, situa-se a posição de Jesús Martín Barbero como um dos autores que mais tem contribuído para uma reflexão sobre os gêneros e os meios massivos. Anamaria Fadul diz que ele assumiu

> a proposta de um grupo de pesquisadores italianos, segundo o qual um gênero é antes de tudo uma estratégia de comunicabilidade, e é como marca dessa comunicabilidade que um gênero se faz presente e analisável no texto. (FADUL, 1989, p. 81)

Segundo ele,

> a consideração dos gêneros como fato puramente literário – não cultural – e, desde o outro lado, sua redução à receita para a fabricação ou etiqueta para a classificação, nos têm impedido de compreender sua verdadeira função no processo e sua pertinência metodológica: chave para a análise dos textos massivos e, em especial, dos televisivos. (BARBERO, 1987, p. 241)

A análise dos gêneros se impõe principalmente no caso das telenovelas, caso contrário torna-se impossível compreender o seu significado na cultura do continente. Também para a realidade do rádio é importante o estudo dos gêneros. Sintetizando, pode-se dizer que

> o estudo de muitos dos meios massivos não se esgota no estudo da estrutura econômica, política, ideológica, discursiva da mensagem e muito menos nos estudos sobre a recepção. Os gêneros ganham assim uma centralidade nos estudos sobre a comunicação, pois articulam os dois momentos do processo de comunicação, emissão e recepção. (FADUL, 1989, p. 82)

Dentro dessa perspectiva, deve-se estender o estudo da comunicação, também, para além dos meios. O importante é deslocar-se para o cotidiano e aí estudar como as pessoas se comunicam. Diz

Jesús Martín Barbero que é necessário estudar-se "os processos de comunicação que acontecem na praça, no mercado, no cemitério, nas festas, nos ritos religiosos..." (BARBERO, 1993, p. 70). A partir desse estudo pode-se desenvolver uma metodologia que permita "relacionar o estudo da constituição de sentido, da produção de sentido, com os sentidos" (BARBERO, 1993, p. 70). Para isso, é necessário aprender a olhar, a cheirar, a ouvir, a apalpar os diferentes modos com que as pessoas se comunicam num mercado popular ou num supermercado.

Segundo Barbero, a realização desse estudo permitiu que se visse a necessidade de uma teoria que não se restringisse ao problema da informação, pois a informação na sociedade se havia tornado capital, mercadoria. Além disso, para grande parte das pessoas, a comunicação não se esgota nos meios. Se isso era (e é) verdade, então, para compreender o que se passa nas ruas, na casa, na praça ou na festa, deve-se ir além de uma teoria da informação (BARBERO, 1993, p. 70).

Afirma Barbero que

> o problema não era que faltava lógica ou coerência a uma teoria pensada em termos de emissor, mensagem, receptor, códigos, fonte... O problema era que tipos de processos comunicativos eram pensados desde ali. (BARBERO, 1993, p. 70)

Se analisarmos os processos comunicativos numa festa, num baile, num sacramento religioso, fica muito difícil explicitar o emissor, o receptor, a mensagem. O comunicacional nessas práticas vai muito mais além das explicações da teoria da informação.

> A comunicação numa prática religiosa, como a missa, por exemplo, diz respeito a outras dimensões da vida, a outras experiências, ultrapassando a mera teoria da informação. Por isso, falar de comunicação é falar de práticas sociais e, se quisermos responder a

todas as perguntas, devemos repensar a comunicação desde estas práticas. (BARBERO, 1993, p. 70)

Como se pode perceber, o posicionamento de Jesús Martín Barbero implica repensar toda a metodologia do estudo da comunicação. Aqui ganha ressonância a perspectiva do receptor e dos processos sociais de dominação, que evidenciam uma forma e uma maneira de comunicação.

II
EM BUSCA DE UM PARADIGMA PARA A MIDIATIZAÇÃO

Não obstante se reconhecer que nas posições dos autores acima resenhados, dentro da perspectiva do menino, há um gérmen da transformação que virá, pois o mundo está no limiar da grande metamorfose social que se avizinha. Há que se conceder que, apesar da coragem, a pedra de toque do funcionalismo em comunicação permanece impávida. A crítica do que se vive ainda não é a explicação do que se busca.

Não obstante a linha condutora que emerge da análise da midiatização na Academia[1], a realidade não expressa uma univocidade do conceito. Ao contrário, os diversos continentes midiáticos aproximam-se do conceito com vozes e perspectivas distintas. Cada grupo, ao utilizar o conceito, toma-o de uma maneira peculiar e com diversas significações, muito embora elas, na maioria das vezes, escondam-se subliminarmente nas reflexões realizadas. Há um pré-dado que informa e guia tanto a utilização como a compreensão do conceito.

---

1. Veja: GOMES, Pedro Gilberto. *Dos meios à midiatização*. São Leopoldo: UNISINOS, 2017.

É importante sublinhar que equivocidade não reside no conceito, como algo constitutivo dele. Pelo contrário, o que há é uma perspectiva distinta, de acordo com a realidade e o interesse de quem o utiliza. Inclinamo-nos a dizer que existe uma multivocidade. Isto é, muito vozes para um mesmo conceito. Portanto, o conceito, na nossa opinião, não é equívoco, mas plurívoco.

Com o desenvolvimento das redes sociais, o problema torna-se mais urgente. Qual é o paradigma comunicacional que pode explicar o que está acontecendo com a sociedade?[2]

A humanidade vive um momento-chave em sua história, que vai interferir no seu modo de viver e estruturar as relações sociais. Buscando na história humana, encontra-se o que talvez seja o mais importante episódio da existência que deu um rumo decisivo ao inter-relacionamento humano: a invenção da escrita. Foi, quem sabe, o mais significativo salto dado pela humanidade, ou salto quântico[3], muito embora seja devedor da virada fundamental que culminou com o processo de hominização: o desenvolvimento da palavra. A vida humana se transformou definitivamente. Hoje, o estupendo desenvolvimento das tecnologias digitais configura outro salto quântico, fazendo com que a humanidade atinja um patamar superior, experimentando uma mudança radical no seu modo de pensar e de agir. A esse salto os pesquisadores chamam de midiatização, e essa mudança é afirmada com um novo modo de ser[4]. Começava o

---

2. As ideias que seguem foram amplamente desenvolvidas no livro GOMES, Pedro Gilberto. *Dos meios à midiatização. Um conceito em evolução.* São Leopoldo: UNISINOS, 2017, p. 125 ss.

3. Muito embora seja um termo ligado à física quântica, fiz uma analogia para significar a importância dos momentos que aconteceram e a dimensão que adquirem na vida da sociedade.

4. Quando, em 1998, foi criado o doutorado de Ciências da Comunicação na Universidade do Vale do Rio dos Sinos, a Área de Concentração foi explicitada como de *Processos Midiáticos*.

lento processo da afirmação do conceito de midiatização como fundamental para a compreensão do que estava acontecendo na sociedade. Era o gérmen da construção de um novo paradigma.

A realidade da sociedade em processo de midiatização permite diversas interpretações, todas partindo do fato de que a sociedade se constitui por meio da comunicação. O conteúdo da comunicação é a expressão da vida dessa sociedade: passado, presente, futuro, histórias, sonhos etc. O resultado é o compartilhamento de vivências entre as pessoas de todas as gerações. O processo comunicacional possibilita os avanços da sociedade, sempre em níveis cada vez mais complexos. Sendo um dos exemplos mais acabados do chamado pensamento sistêmico. Entende-se por pensamento sistêmico uma nova forma de abordagem que compreende o desenvolvimento humano sob a perspectiva da complexidade. A abordagem sistêmica lança seu olhar não apenas para o indivíduo isolado, mas também considera seu contexto e as relações aí estabelecidas. Isso não significa um abandono ou desprezo pelos microfenômenos que aparecem fenomenologicamente no cotidiano. As duas visões se completam na contemplação da realidade. A visão sistêmica não pode ser marcada por nossa crítica ao momento presente ou por nossas expectativas e os nossos desejos para o futuro, direcionando à acuidade visual apenas para focar o que acontece no cotidiano. Esses dois estribos, muito embora comportem riscos, exigem articulação e tensionamentos para assegurar as superações de possíveis riscos. Essa interação entre as duas abordagens tem se mostrado muito produtiva. Braga[5] diz que Lucien Goldmann propõe isso como método. Na medida em que os autores que preferem uma ou outra abordagem desenvolvam uma agonística entre suas perspectivas, crê ele que a

---

5. Em conversa com o autor deste texto.

área de Comunicação pode gerar um conhecimento significativo e bastante resistente à falibilidade.

Pensar sistemicamente implica uma nova forma de olhar o mundo e, consequentemente, exige também uma mudança de postura por parte do cientista; postura que propicie ampliar o foco e entender que o indivíduo não é o único responsável por ser portador de um sintoma, mas sim que existem relações que mantêm esse sintoma.

O relacionamento da mídia com os processos de significação e com os processos socioculturais expressa a realidade e se dá no âmbito do que se denomina "marco dos processos midiáticos". Esses dois movimentos, além disso, interagem para a construção do sentido social, levada a cabo por indivíduos e sociedades.

Os meios eletrônicos desempenham o papel de dispositivos enunciadores da informação. Neles se percebe um processo de significação que contempla a construção do discurso nas suas diversas configurações – tanto construções verbais como não verbais (por imagens, gestos e ações). No marco das possibilidades comunicativas, são escolhidos determinados conceitos, imagens e gestos com os quais se elabora um processo enunciativo que permite a comunicação com e para a sociedade. No mesmo movimento, se desenvolve uma dinâmica de processos socioculturais. A importância dessa dinâmica reside no fato de que qualquer processo significativo incide diretamente nas relações sociais. Essas, por sua vez, condicionam, determinam e influenciam tanto os processos de significações quanto a sociedade na sua atuação comunicativa. As relações, inter-relações, correlações, conexões e interconexões acontecem num movimento de dupla mão entre os polos dos processos midiáticos.

Na comunicação interpessoal, a circulação[6] de mensagens acontece de forma imediata entre o polo da emissão e o polo da recepção. No caso dos processos midiáticos, a circulação se dá de forma mediata, via dispositivos eletrônicos. A mídia se apropria de conteúdos e os trabalha por meio dos processos de significação e socioculturais. Esse movimento complexo acontece dentro dos contextos dos processos midiáticos.

A circulação também se estrutura em conexões e interconexões que se desenrolam no marco das relações que a sociedade engendra para que a comunicação aconteça com rapidez e eficácia. Os conteúdos transmitidos chegam à sociedade e seus resultados retornam para o processo de comunicação, via processos midiáticos, gerando, assim, um ambiente comunicacional mais amplo que influencia e é influenciado pelos seres humanos. No processo de comunicação, há circulação de conteúdos que, elaborados socialmente, produzem resultados práticos e simbólicos. Isso aparece nos distintos elementos em jogo no processo de comunicação: na sociedade, na comunicação, nos processos midiáticos. Existem relações diretas, imediatas, e relações indiretas, mediadas pelos dispositivos nos seus processos de significações e sociais.

Com o advento da tecnologia digital, essas inter-relações se tornaram complexas e se ampliaram, criando uma ambiência distinta e *sui generis*. O processo humano de comunicação é potencializado, na sociedade contemporânea, pela sofisticação de seus meios eletrônicos. Desse modo, os inter-relacionamentos comunicacionais, bem como os processos midiáticos, ocorrem no cadinho cultural da midiatização. A realidade da sociedade em midiatização supera e

---

6. Tema amplamente tratado por Antônio Fausto Neto em suas pesquisas e seus textos. Hoje, não se pode falar de *circulação* sem referenciar o trabalho de Antônio Fausto Neto.

engloba as dinâmicas particulares que esta engendra para se comunicar. O meio social é modificado. A tela de fundo, o marco dentro dos quais interagem as dinâmicas sociais, é gerada pela assunção da realidade digital. A virtualidade digital traz como consequência a estruturação de um novo modo de ser no mundo. A sociedade em midiatização constitui, nessa perspectiva, útero cultural onde os diversos processos sociais acontecem. Essa ambiência, esse novo modo de ser no mundo, caracteriza a sociedade atual. As inter-relações recebem uma carga semântica que as coloca numa dimensão radicalmente nova, qualitativamente distinta em relação ao modo de ser na sociedade até então, caracterizada como uma sociedade dos meios. Comunicação e sociedade, imbricadas na produção de sentido, articulam-se nesse crisol de cultura que é resultado da emergência e do extremo desenvolvimento tecnológico. Mais do que um estágio na evolução, ele é um salto qualitativo que estabelece o totalmente novo na sociedade. O resultado desse movimento cria um ambiente (que chamamos de sociedade em midiatização) que configura para as pessoas um outro modo de ser no mundo, pelo qual os meios não mais são utilizados como instrumentos possibilitadores das relações pessoais, mas fazem parte da autocompreensão social e individual[7]. A identidade é construída a partir da interação com os meios. A pessoa não é um "eu" que usa instrumentos como extensão de seu corpo, mas um indivíduo que se autocompreende como um ser que preza as suas relações e conexões por meio dos instrumentos tecnológicos de comunicação.

    A sociedade em processo de midiatização é maior, mais abrangente, do que a dinâmica da comunicação até agora levada a cabo na chamada sociedade dos meios. Não é somente a comunicação

---

7. Todo o trabalho e a reflexão de Jairo Ferreira sobre os dispositivos tecnológicos e sua centralidade na equação da sociedade em midiatização.

que é potencializada, isto é, não são apenas as possibilidades de comunicação, por meios tecnológicos extremamente sofisticados, que caracterizam o contexto atual; mas a sofisticação tecnológica, amplamente utilizada pelas pessoas desde a mais tenra idade, cria um ambiente matriz que acaba por determinar o modo de ser, pensar e agir em sociedade. A esse ambiente matriz designamos de sociedade em midiatização.

A midiatização abrange dois movimentos simultâneos e dialéticos. De um lado, é fruto e consequência das relações, inter-relações, conexões e interconexões da utilização pela sociedade dos meios e instrumentos comunicacionais, potencializados pela tecnologia digital. De outro, significa um novo ambiente social que incide profundamente nessas mesmas relações, inter-relações, conexões e interconexões que constroem a sociedade contemporânea. A sociedade é em midiatização. O ser humano é em midiatização. Isso, hoje, sublinhe-se, configura um outro modo de ser no mundo. Esse é o substrato cultural no qual se movem os diversos grupos sociais no mundo. A sociedade erigida nesses movimentos é uma sociedade em processo de midiatização.

A pergunta que não quer calar é: a explicação desse momento da humanidade ainda pode ser dada pela descrição do processo mecânico de *locutor, discurso e ouvinte*? Esse paradigma deu conta de situar o ser humano no contexto de uma sociedade dos meios. Ele serve ainda ou deixa de fora uma série de elementos que configuram uma sociedade em midiatização? Como dizia Luis Ramiro Beltrán, as pessoas se comunicam por vários motivos, e o principal deles não é exercer influência nem mudar o comportamento do outro.

O desafio que nos apresenta nesse século XXI é estabelecer a possibilidade de um outro paradigma (novo?) que dê conta da realidade pela qual passa a humanidade. A globalização está nos seus umbrais. A Inteligência Artificial, com todas as suas consequências, bate à porta. Os limites da ação humana são fluidos e líquidos (conceituação de Baumann). Nesse sentido, pode-se dizer que a sociedade vive num limbo. Não mais convive com as certezas do passado, mas ainda não encontrou novas certezas que lhe permitam tematizar o que está sofrendo.

É possível dizer que *les enjeux* da midiatização são o enigma da esfinge atualizado para o terceiro milênio. Quais ou quem são os *Édipos* que os decifrarão? Dentro da perspectiva de epimimética societal[8], quais são os memes que caracterizam os processos midiáticos e conformam o DNA da midiatização? Falando do setor da saúde, Rosnay sublinha que ele está

> vivendo uma verdadeira mudança de paradigma. É necessário compreender e gerar novas práticas epimiméticas se desejamos uma transição pertinente e equitativa no respeito às pessoas e às liberdades individuais (ROSNAY, 2018, p. 195)

Para ele, os mecanismos de base epigenética que permitem agir sobre a complexidade de nosso corpo podem ser transpostos para a complexidade da sociedade na qual vivemos e trabalhamos. O DNA da sociedade é constituído por genes virtuais, chamados memes, genes culturais transmitidos por mimetismo, graças aos meios de comunicação, aos comportamentos coletivos e à utilização de instrumentos numéricos interativos. Em síntese,

> Dos genes aos memes, da genética à mimética, a epigenética, uma ciência sob a genética, pode-se chamar uma epimimética, uma ciência sob a mimética, a qual estuda a transmissão dos memes na sociedade. (ROSNAY, 2018, p. 200)

---

8. Conceito desenvolvido por Jöel de Rosnay e explicitado mais à frente nesse texto.

Esse é um poder que as pessoas podem usar para transformar a sociedade. É mais importante regular, no sentido cibernético do termo, que regulamentar. Regular é o papel da epigenética com respeito ao nosso corpo e aquele da epimimética com respeito à sociedade.

Considerando o DNA dos processos midiáticos, questiona-se quais são os memes que, ao longo da história, vêm qualificando esse processo. À medida que a sociedade foi evoluindo, novos elementos foram sendo associados e explicitados. A preocupação sempre esteve ligada ao papel do emissor da mensagem, que detinha o protagonismo no processo. Jesús Martín Barbero introduziu na discussão o conceito de mediação (BARBERO, 1987). Entretanto, mesmo nesse caso, o emissor possuía o protagonismo na emissão, embora não determinasse definitivamente a compreensão e a ação do receptor.

A hipótese é que, hoje, um novo elemento está se impondo com o rápido desenvolvimento das redes sociais. A relação entre emissor, mensagem e receptor está se modificando com o fim da mediação. Cada pessoa é protagonista do processo. Todos são emissores e receptores. Joël de Rosnay chama essa situação de *prosumer* (palavra inglesa formada a partir de *producer* e de *consumer* – produtor e consumidor) (ROSNAY, 2016, p. 95).

Estamos frente a uma nova ambiência que condiciona a sociedade e as pessoas, qualifica o DNA dos processos midiáticos. É o que chamamos de processo de midiatização. Alguns advogam o seu fim (SCHULZ, 2017). Não é o caso aqui.

O advento das redes sociais proporciona a independência dos atores sociais frente ao domínio da lógica da mídia. Nesse sentido, é lícito falar-se de fim da mediação, pois cada ator possui o domínio e controla a lógica da inter-relação com os demais estamentos da sociedade.

Como já desenvolvido em vários lugares (FAXINA; GOMES, 2016; GOMES, 2017), não se está mais diante do fenômeno do uso de dispositivos tecnológicos para a transmissão da mensagem, nem como mediadores da relação dos indivíduos com a realidade. Ao contrário, o que o desenvolvimento das mídias digitais está criando é uma nova ambiência que, por sua vez, dá lugar a um novo modo de ser no mundo. A consequência disso é que, em lugar de estar assistindo ao fim da midiatização, a sociedade está apenas no limiar de seu pleno desenvolvimento. Que sociedade nascerá? Que modo de viver estabelecerá? Isso somente o tempo e sua evolução dirão. Não obstante, pode-se aventar algumas pistas.

Os paradigmas que explicavam a realidade agora não dão mais conta da missão. Conceitos como participação, presença, interação são ressignificados por uma geração que já nasce dentro das redes sociais. Estão mudando os inter-relacionamentos. A sociedade não mais prescinde das redes sociais.

Na perspectiva de uma nova ambiência, o tema ainda não foi suficientemente explorado, pois ele ultrapassa a mera reflexão sobre a mídia e seu papel na sociedade. A concepção de ambiência é consequência de uma mudança de época na história, quando vem a lume a pergunta pela midiatização[9]. A dimensão dos processos midiáticos transcende os fatos individuais, os microfenômenos, e aponta para os aspectos coletivos, os macrofenômenos, a construção social coletiva a partir do processo de uma sociedade em estado de midiatização. A questão é: como abordar o processo midiático, hoje compreendido como midiatização e gerador de uma nova ambiência?

---

9. As reflexões a seguir foram hauridas do artigo "Como o processo de midiatização (um novo modo de ser no mundo) afeta as relações sociais?". In: BRAGA, José Luiz et al. *Dez Perguntas para a produção de conhecimento em comunicação*. São Leopoldo: UNISINOS, 2013.

Grandes mudanças estão acontecendo no mundo da mídia. Nas duas últimas décadas, as tecnologias de mídia têm se desenvolvido muito.

A transformação assumiu velocidade e ganhou ampla difusão com a chamada Web 2.0, com a introdução dos smartphones, fáceis de lidar, com aplicativos e redes sociais, tais como o Facebook, o Twitter, o YouTube, entre outros. (SCHULZ, 2017, p. 4)

Essa realidade transformou sobremaneira o papel da mídia como intermediária que conecta indivíduos e instituições. Segundo Schulz, níveis, setores, centro e a periferia do sistema político estão cada vez mais enfraquecidos no mundo. Logo, todas essas alterações colocam em questão o conceito de midiatização. Os atores políticos foram emancipados frente ao modo de operação dos meios de comunicação de massa. Por que devem eles se adaptarem à lógica da mídia e adaptar suas preocupações e suas mensagens às regras de produção jornalística? Agora, eles podem contornar a mídia e ir diretamente ao público, sem maiores mediações.

A pergunta lógica é: a sociedade se depara com o fim da midiatização? Schulz afirma que, se os pesquisadores estão prontos para abandonar o conceito de lógica da mídia como um conceito para organizar a mensagem na era da televisão, também devem estar para abandonar o conceito de midiatização. Para ele, "ao se examinar a transformação da comunicação política na era da internet, é mais importante analisar suas consequências que o modo de nomear o processo de mudança".

Essas afirmações mantêm a sua pertinência no desenvolvimento das ações levadas a cabo para compreender o momento. Não obstante, identificamos que o que foi exposto como sendo a midiatização identifica-se com o conceito de mediação. Muito embora o pensamento de Schulz mostre-se pertinente, entretanto aponta não para o fim da midiatização, mas para a relevância cada vez maior que assume hoje. Portanto, somos de parecer que estamos diante do fim da mediação e do início transformador da midiatização.

Afirmar o fim da mediação significa advogar que junto com ela vai também o paradigma que lhe deu origem. O mundo digital traz variáveis fundamentais que apontam para a ultrapassagem do modelo clássico, com raízes na *Poética* de Aristóteles. Talvez o que permanece em outras bases é o conceito de retroalimentação – oriundo da engenharia da informação. Ele não mais implica conhecer o outro e tomar o pulso da possível mudança de comportamento. A mudança, caso haja, não está prevista nem buscada pelo iniciador do processo comunicacional. As pessoas não podem planejar o que sairá, em *feedback*, das inter-relações e relações estabelecidas nas comunidades das redes sociais.

O paradigma buscado deve situar-se no âmbito da liberdade individual. Há intercâmbios diversos, cada um com sua peculiaridade, que não podem ser condicionados, programados e determinados pelos envolvidos no processo comunicacional das redes sociais.

Sandra Massoni afirma que

> olhar para os lados e mais além, na comunicação na América Latina, implica compreender que os novos paradigmas da comunicação possibilitam hoje um descentramento radical: não se trata agora – nem somente – de significações transmitidas, mas de esboçar nas diferentes situações alguns traços atuais capazes de persistir como cartografia de nossos futuros horizontes compartilhados. Comunicar na América Latina, mais que um dizer, se apresenta como um viver desde o Sul. Não mais caminhos que se bifurcam, mas os comunicadores estratégicos desejamos percorrer sendas que se conectam de múltiplas maneiras. (*Prólogo* in URANGA, 2017, p. 11)[10]

---

10. Tradução livre deste autor.

Mais que um dizer sobre e mais que uma informação sobre algo, a sociedade está frente a um modo de viver. Isoladas, as pessoas buscam formas de interagir entre elas. O fenômeno da pandemia excluiu os encontros presenciais, que passaram a ser realizados nos âmbitos das redes. Desse modo, conceituar a comunicação humana a partir do encontro face a face, do diálogo presencial entre as pessoas não permite aceder à realidade do encontro. Aliás, o isolamento social, ocasionado pela pandemia, exige que se busque alternativas para conceituar a comunicação. Nesse sentido, aceleraram-se os recursos tecnológicos (IA, entre outros) e está surgindo uma nova criatura, simbiótica (ROSNAY, 2000), que estabelece outras formas de relações e projeta um modo de ser e de viver completamente diferente para o Terceiro Milênio (FAXINA; GOMES, 2016).

Arturo Sosa (2023, p. 24) constata que a atual época histórica que substitui aquela dominada pelo pensamento ilustrado e a reprodução industrial caracteriza-se como uma época do conhecimento e da comunicação. A globalização, o crescimento do ecossistema midiático, o desenvolvimento das tecnologias da comunicação e a inteligência artificial marcam o ritmo de mudanças velozes, difíceis de assimilar[11].

Essa complexidade transcende a visão linear do século XX. A comunicação humana, com suas inter-relações, correlações e interações, não permite ser analisada e compreendida pela simplicidade do paradigma *Locutor, Discurso e Ouvinte*, mesmo com todas as sofisticações agregadas a partir dos séculos XIX e XX. O desafio é estabelecer-construindo um novo paradigma que dê conta das complexidades atuais.

A cultura digital, por meio da conexão quase permanente com outros mundos, via internet, oferece novas oportunidades de

---

11. Tradução livre do autor.

colaboração e interação social. Os jovens, como nativos digitais, estão desafiando e ajudando a imaginar como utilizar esses recursos para aumentar a comunicação em novas bases. Para eles, a conexão via redes é tão real quanto os encontros presenciais. Mudam os conceitos de participação, presença, espaço e tempo. Não há mais limites temporais e espaciais para restringir as possibilidades de encontro entre as pessoas. Os mais idosos sofreram com o isolamento pandêmico. As novas gerações tiveram seus relacionamentos via redes sociais recebendo foro de legitimidade. As condenações (de parte dos mais velhos) à dependência do computador e do celular ficaram obsoletas. Há uma concordância tácita para que interajam via dispositivos midiáticos (pelo menos estavam em casa e não se arriscam com uma possível contaminação). Não há uma linha reta entre emissor, mensagem e receptor. As redes tornam possível uma circularidade entre todos e todas. São vários os emissores, mensagens e receptores. As pessoas falam, comunicam-se num processo que envolve conexões, interconexões e relações complexas.

As consequências transcendem a comunicação e alcançam as dimensões éticas mais globais. Cada pessoa diz o que quer e quando quer. Proliferam as *fake news*, e a sociedade, de certa maneira, encontra-se refém de uma realidade que não domina. Num primeiro momento, apela-se para paradigmas conhecidos para fazer frente ao desafio. Não servem mais, pois não gozam de aceitabilidade.

O que fazer? A humanidade encontra-se num momento da história em que a sociedade está chamada a estabelecer um novo pacto social, com valores universais autoescolhidos e aceito por todos. Essa é a condição *sine qua non* para escapar da barbárie e criar patamares de convivência social.

Na busca de soluções para o problema, foi feita uma visita a Bakhtin (2018). Nela, foi encontrada a posição do mundo grego sobre a relação público/privado.

> Para o grego, nosso "interior" na imagem do homem situava-se na mesma série do nosso "exterior", ou seja, era tão visível e audível e existia "externamente", tanto "para os outros quanto para si". Nesse sentido, todos os elementos da imagem eram homogêneos.
>
> [...]
>
> Por isso, a unidade dessa totalidade exteriorizada do homem era de caráter público. (BAKHTIN, 2018, p. 77)
>
> Isto é, a pessoa era toda exteriorizada, tudo, em sua vida, era de caráter público. Essa exterioridade se realizava numa coletividade humana orgânica, no povo. Ser externo era ser para os outros. (Cf. idem, ibidem)

A introspeção, a separação do público e do privado, foi uma conquista. Havia um espaço interior que era o lugar sagrado da pessoa. Só ela permitia que outros tivessem acesso a esse espaço. Até hoje, essa separação e o resguardo da vida interior vige como um valor da vida. Grandes pensadores e santos religiosos desenvolviam a vida interior como expressão de um crescimento espiritual.

> Nas condições da praça grega, onde teve início a autoconsciência do homem, ainda não se poderia falar de tal diferenciação. Ainda não havia o homem interior, o "homem para si" (o eu para si mesmo), nem o enfoque particular de si mesmo. A unidade do homem e sua autoconsciência eram puramente públicas. O homem era "completamente exteriorizado", e isso no sentido literal do termo. (BAKHTIN, 2018, p. 75)

As redes sociais estão ocasionando uma metamorfose na sociedade. Volta-se à unidade exterior/interior. Não mais se afirma o valor do privado, mas busca-se uma publicização de tudo. Os diversos aplicativos de relacionamento desnudam a vida privada e a colocam à vista de todos. Não há sofrimento, alegria, dor na solidão do coração. Tudo é explicitado, divulgado. Chora-se e se grita nas redes. A dor sai do recesso do lar e ganha as praças públicas, agora redefinidas pelas redes sociais. A Ágora[12] deixa de ser um lugar físico e se transforma num ambiente virtual, onde tudo é exposto. A presença do povo igualmente se dá virtualmente. Os conceitos de presença, participação e comunhão são ressignificados para dar conta de unidade interior/exterior, agora acontecendo em novas bases.

Para os adictos das redes, não há separação espaço/tempo. Os modos de encontro não sofrem diferenças entre o presencial ou o virtual, entre o agora e o depois. Dois irmãos podem estar na mesma casa, em quartos diferentes, conversando via rede social.

Não só as novas gerações estruturam seus novos espaços e tempos. Na grande plateia dos negócios, praticamente se trabalha 24 horas por dia. Os diversos fusos são valorizados e deixam de ser uma limitação para o encontro. Tudo está na rede. Tudo é público, mesmo o privado mais profundo, escondido no recôndito do coração humano.

Hoje, com a sociedade em midiatização, retoma-se a Ágora grega, mas em outras dimensões, atualizada pelo conceito de ambiência, fruto do processo de midiatização, para o século XXI. Aqui radicam-se as condições para a construção de um paradigma adequado para dar conta do que hoje vive a sociedade em midiatização.

---

12. Praça grega onde aconteciam as reuniões e os debates entre os cidadãos de Atenas.

III
TRINTA ANOS ESTE ANO

O título deste capítulo, que resenha a trajetória do Programa de Pós-Graduação em Ciências da Comunicação da Universidade do Vale do Rio dos Sinos, que, neste ano estaria completando 30 anos, faz uma analogia com o título de uma obra de Paulo Francis (1994), narrando a sua experiência com o golpe militar brasileiro de 1964.

O Programa foi criado em 1994[1] com o nome de Mestrado em Ciências da Comunicação, Área de Concentração Semiótica. A razão encontrava-se no fato de que a maioria das pessoas que estavam pensando o projeto provinha da área de Letras. Entre suas linhas, havia uma que já projetava a reflexão para além da semiótica, apontando para o futuro que teria muita influência no campo da comunicação: Ciências Cognitivas e Tecnologias da Informação.

O Programa, ao longo de seus primeiros anos de existência, teve muito conflitos internos, tendo em vista que a maioria dos alunos era proveniente dos cursos de comunicação e não se identificava

---

1. Foi o terceiro Mestrado da Instituição, seguido imediatamente pelo Mestrado de Educação. À época, a UNISINOS possuía, por ordem de criação: História, Geologia, Comunicação e Educação.

com a visão semiótica. Mesmo aqueles que trabalhavam diuturnamente com conceitos semióticos (p. ex., Publicidade e Propaganda) tinham resistência ao tema. O título do programa apontava para uma mudança futura.

1. A metamorfose para o doutorado: reflexões sobre a identidade do Programa

O PPG em Ciências da Comunicação da Universidade do Vale do Rio dos Sinos, quando da criação do doutorado em 1999, optou pela área de concentração em Processos Midiáticos, explicitada, naquele momento, em duas linhas de pesquisa: Mídia e Processos de Significação e Mídias e Processos Socioculturais.

Muito embora possa parecer apenas uma maneira de estruturar um programa de pós-graduação, entre tantos outros no País, a escolha da área de concentração e de suas linhas de pesquisa expressava, no momento, um projeto muito mais ambicioso. Numa dimensão holística, que se estendia para além da realidade imediata, o que estava no horizonte daqueles que pensaram o projeto do programa era uma tentativa de fundar o campo da comunicação, contribuindo para a sua compreensão epistemológica. Isto é, fundar epistemologicamente o campo da comunicação circunscrevendo-o no universo da mídia.

Para o PPG em Ciências da Comunicação, tanto os processos de significação quanto os socioculturais possuíam a mídia como chave hermenêutica de sua compreensão e discussão. Ao centrar, epistemologicamente, o problema da comunicação no campo da mídia, os criadores do Programa buscavam contribuir para o seu estatuto científico.

Entretanto, o conceito de comunicação estava (e está) de tal maneira esgarçado que se pode afirmar que tudo é comunicação.

Ora, quando tudo é comunicação, nada é comunicação. Permanecendo-se nesse alargamento conceitual, acaba-se por destruir a comunicação como ciência. Esse é o motivo pelo qual, apesar da tradição dos estudos de comunicação no Brasil e do número expressivo dos programas de pós-graduação na área, ainda não se tenha estabelecido no Brasil uma escola de estudos de comunicação. Mais ainda, é a causa de a reflexão e a pesquisa ficarem caudatárias de estudos e conceitos produzidos externamente, tanto geográfica quanto epistemologicamente. No Brasil, os Programas de Pós-Graduação em Comunicação tratam de tudo, suas áreas de concentração e suas linhas de pesquisas são tão amplas que abrigam os mais diversos estudos e projetos, criando uma opacidade na sua identidade que acabará por matar o próprio campo. Borram-se os limites da comunicação (em si uma ciência transdisciplinar) com as demais ciências, ocasionando uma letal perda de identidade.

A estruturação do Programa de Pós-Graduação em Ciências da Comunicação da UNISINOS, na época, possuía (e possui hoje) a intenção de contribuir epistemologicamente para a construção do campo da comunicação no seu estatuto científico. Ao centrar seus esforços no estudo dos processos midiáticos, o PPGCom estava deixando a comunicação circunscrita à mídia.

Todos os projetos desenvolvidos no Programa são chamados a contribuir para a construção desta missão: estabelecer epistemologicamente a compreensão do campo da comunicação como campo midiático. Com isso, delimitam-se as fronteiras, demarcam-se os campos e se estabelecem os perfis de identidade da comunicação enquanto ciência e objeto de estudo. As chaves hermenêuticas para interpretar o campo da comunicação e as metodologias específicas para abordar os seus objetos serão construídas a partir dos projetos de dissertações, teses e de pesquisa aqui desenvolvidas.

2. A revisão necessária

Ao passarem-se mais de vinte anos de caminhada do projeto, o momento histórico indicava a necessidade de uma revisão criteriosa. Entretanto, qualquer avaliação que se fizesse deveria levar em conta a novidade e a especificidade do projeto construído. Aquele momento deu origem a uma reflexão, como contribuição para os debates e o estabelecimento dos limites de uma possível reformulação.

Argumentava-se que o estabelecimento dos processos midiáticos como área de concentração transcende a mera formulação escrita a um mero nominalismo. Tal formulação possui uma carga semântica considerável e contempla a realidade da mídia como central para o tipo de abordagem que se deseja. Mais do que dispositivos tecnológicos que comportam aproximações dos mais diversos campos sociais, a mídia é o motor de um processo social abrangente que configura um salto qualitativo na compreensão da sociedade. Os dispositivos tecnológicos são apenas uma mínima parcela, a ponta do *iceberg*, de um novo mundo, configurado pelo processo de midiatização da sociedade. Vive-se uma mudança epocal, com a criação de um bios midiático que incide profundamente no tecido social. Surge uma nova ecologia comunicacional[2]. É um bios virtual. Mais do que uma tecnointeração, está surgindo um novo modo de ser no mundo, representado pela midiatização da sociedade. Isso faz com que figuras televisivas, na maioria das vezes, tornem-se personagens de si mesmas, enquanto a sociedade exercita uma participação vicária. Esse modo de ser no mundo assume o deslocamento das pessoas da praça (onde são sujeitos e atores) à plateia (onde sua atitude é passiva).

---

2. As ideias que seguem e embasam a reflexão foram desenvolvidas em: GOMES, Pedro Gilberto. *A filosofia e a ética da comunicação no processo de midiatização da sociedade*. São Leopoldo: UNISINOS, 2006. Ver, principalmente, o capítulo 6.

Assumindo-se a midiatização como um novo modo de ser no mundo, supera-se a mediação como categoria para se pensar a comunicação. A sociedade vive numa nova ambiência que, se bem tenha fundamento no processo desenvolvido até aqui, significa um salto qualitativo, uma viragem fundamental no modo de ser e atuar.

Esse aspecto supera o conceito de mediação, mesmo sendo este mais do que um terceiro elemento que faz a ligação entre a realidade e o indivíduo, via mídia[3]. Ele é a forma como o receptor se relaciona com a mídia e o modo como ele justifica e tematiza essa mesma relação. Por isso, estrutura-se como um processo social mais complexo que traz no seu bojo os mecanismos de produção de sentido social.

Muito embora existam correntes que dizem que a midiatização é a mediação tecnológica, diz Muniz Sodré que a

> midiatização é uma ordem de mediações socialmente realizadas no sentido da comunicação entendida como processo informacional, a reboque de organizações empresariais e com ênfase num tipo particular de interação – a que poderíamos chamar de "tecnointeração" –, caracterizada por uma espécie de prótese tecnológica e mercadológica da realidade sensível, denominada "médium". (SODRÉ, 2002, p. 21)

Está-se diante de algo novo, significando um salto qualitativo no desenvolvimento da mídia.

Por isso, mover-se no horizonte do conceito de mediação é permanecer em outra ambiência. A midiatização é a reconfiguração de uma ecologia comunicacional. Torna-se um princípio, um modelo

---

3. Veja-se: FAXINA, Elson; GOMES, Pedro Gilberto. *Midiatização. Um novo modo de ser e viver em sociedade*. São Paulo: Paulinas, 2016; GOMES, Pedro Gilberto. *Dos meios à midiatização. Um conceito em evolução*. São Leopoldo: UNISINOS, 2017; GOMES, Pedro Gilberto. *Desandar o andado. Os subterrâneos dos processos midiáticos*. São Paulo: Loyola, 2022.

e uma atividade de operação de inteligibilidade social. Noutras palavras, a midiatização é a chave hermenêutica para a compreensão e a interpretação da realidade. Nesse sentido, a sociedade percebe e se percebe a partir do fenômeno da mídia, agora alargado para além dos dispositivos tecnológicos tradicionais. Por isso, é possível falar da mídia como um *locus* de compreensão da sociedade. Isso é tão imperioso que a posição, já revolucionária, da praça *à plateia*[4], perde o seu sentido e é superada. Agora há um teatro de arena, onde não mais se pode falar de palco e plateia, pois é impossível pensar uma realidade sem palco, uma vez que ele tomou tudo. As pessoas não distinguem mais a sua vida separada do palco, sem ele. Se um aspecto ou um fato não é midiatizado, parece não existir.

Mesmo que as mediações material e simbólica estejam unidas no processo de midiatização, essa não é um passo a mais num processo evolutivo, mas um salto qualitativo, síntese na dialética sujeito/objeto.

Essa nova forma de inteligibilidade ultrapassa uma visão de técnica que, mais que estimular, disciplina as pessoas para agir em determinada direção, para assumir certas condutas sociais, configurando uma ideia de poder que permanece ainda na modernidade. A técnica fica apenas como um instrumento para o exercício do poder. Portanto, não permite a compreensão dessa totalidade nova. Na sociedade do *grande irmão*, a tecnologia midiática é uma ambiência que trabalha na construção de sentido, induzindo uma forma de organização social.

Aqui se toca a questão ética relacionada com a mídia. Isto é, qualquer reflexão a respeito deve partir do fato de que a ética da mídia está essencialmente ligada a esse processo de midiatização social e significa um novo modo de ser no mundo. Muito embora exista

---

4. Segundo a conceituação de Maria Cristina Mata.

um real não abarcado pelas câmeras, é muito difícil dar conta dele. Numa existência marginal, significa um espaço de resistência ao domínio do processo midiático. Entretanto, quem não se insere dentro do processo corre o risco de exclusão dos grandes leitos de construção de sentido social hoje. Cada vez mais o fato, para ser reconhecido como real, deve ser midiatizado. Tudo é feito eletronicamente, inclusive o exercício pleno da cidadania, expresso através do voto. A vida cotidiana é regrada e organizada pelos sistemas de informação estabelecidos através do desenvolvimento tecnológico. A técnica é a essência do homem[5]. Desse modo, detém o papel hegemônico na sociedade, em lugar do ser humano.

Fazendo referência ao pensamento de Marshall McLuhan, que divide a história como um processo que vai da tribalização à retribalização, passando pela destribalização[6], pode-se dizer que a midiatização traz uma outra galáxia que supera a chamada Aldeia Global. É um processo mais avançado do que uma simples retribalização. A Galáxia Midiática (ou midiatizada) cria o fenômeno da glo(tri)balização.

Avançando e ousando mais na reflexão, pode-se afirmar que a midiatização está, talvez, configurando a possibilidade da busca de uma visão unificada da sociedade. A estruturação de uma visão totalizante não mais dar-se-ia mediante a reflexão e o pensamento, mas através da prática glo(tri)balizante.

O mundo unificado de Platão, via Plotino e Agostinho, foi fragmentado por Aristóteles e, no Ocidente, por Tomás de Aquino. É o princípio da ciência.

---

5. Veja-se a reflexão de GALIMBERTI, Umberto. *Psiché e techné*. São Paulo: Paulus, 2005.

6. Para uma consulta mais ampla ao pensamento de McLuhan, sugerimos a consulta ao nosso trabalho anterior: GOMES, Pedro Gilberto. *Tópicos de Teoria da Comunicação*. São Leopoldo: UNISINOS, ²2004, p. 114-121.

A reunificação do mundo volta a Platão e Plotino, acontece no âmbito da prática, via midiatização da sociedade. O novo modo de ser no mundo configurado pela midiatização social é um retorno ao Uno, numa visão unificada do mundo. A unidade surge como princípio de inteligibilidade social no processo de midiatização. Na harmonização dos contrários, a unificação significa um mais além da diferença de pensamento, apontando para uma prática comum.

Desse modo, quando o PPGCom se estruturou em torno dos processos midiáticos, estudando a relação da mídia com suas linhas de pesquisa, estava trazendo para a academia uma especificidade não totalmente contemplada pelos programas de pós-graduação em comunicação no Brasil.

Portanto, ao se debruçar sobre esse projeto de pós-graduação, deve-se ter presente essa novidade e o que ela significa. Não basta a afirmação teórica de uma intenção. Pelo contrário, a verdade da afirmação deve vir verificada pela prática efetiva no Programa. Há a consciência da dificuldade da tarefa; os pesquisadores estão conscientes de quanto ela é difícil e exigente. Diante dos desafios impostos, a tentação é voltar ao conhecido (e que deu certo em diversos Programas no País) e estruturar um projeto bem-organizado e que possa ser desenvolvido sem maiores problemas. Nossa competência e nosso conhecimento nos permitirão desincumbir-nos do trabalho com a eficiência e a eficácia costumeiras.

Não obstante essa constatação, manda a honestidade intelectual que nos indaguemos: será que isso vai satisfazer a nossa sede intelectual? Será que, na vida acadêmica, devemos contentar-nos com o mínimo necessário ou devemos projetar-nos em busca do mais (Magis, na linguagem de Santo Inácio de Loyola[7])? Um dos

---

7. Princípio espiritual que desafia a buscar sempre mais, sem circunscrever-se ao mínimo.

princípios fundamentais da Universidade do Vale do Rio dos Sinos é a busca constante da excelência acadêmica, da diferenciação e da inovação. Portanto, fazer o novo, fazer diferente, significa ousar e caminhar caminhos nunca andados. Inovar, assumindo uma frase utilizada pelo Instituto Humanistas da UNISINOS, retirada de um grafite da revolução de 1968 na França, é aceitar o desafio que diz:

"Arrisca teus passos por caminhos pelos quais ninguém passou; arrisca tua cabeça pensando o que ninguém pensou".

Somente quem assume isso é capaz de fazer diferença no mundo de mesmice em que vivemos. Esse é o desafio que nos era imposto quando envolvidos num processo de revisão do projeto pedagógico do nosso Programa de Pós-Graduação em Ciências da Comunicação.

Finalizando, há a convicção de que um Programa de Pós-Graduação não é uma federação de linhas de pesquisa, mas um projeto no qual todos se engajam. As linhas de pesquisa devem estar unificadas pela Área de Concentração e não podem ser modificadas ao sabor de nossos gostos pessoais. Há uma emulação intelectual, mas jamais uma luta individualista para afirmação de poder. Esta última far-nos-á perder o diferencial que lutamos vinte anos para conseguir. Não podemos abandonar essa conquista pelo oportunismo do momento.

Essa discussão sobre a identidade do PPGCom da UNISINOS, depois de 20 anos, serviu para sedimentar a intuição geradora do novo: o estabelecimento do conceito de midiatização. O resultado foi a mudança nas linhas de pesquisa, mas sem tocar na Área de Concentração. Foi mantida a linha de Midiatização e Processos Sociais[8].

---

8. Essas são as linhas: 1) Mídia e Processos Audiovisuais; 2) Linguagem e Prática Jornalística; 3) Cultura, Cidadania e Tecnologias da Comunicação; 4) Midiatização e Processos Sociais.

A ação de seus pesquisadores e alunos, ao longo do tempo, foi responsável pela solidificação e o pioneirismo do conceito de midiatização como princípio hermenêutico para interpretar a realidade.

3. Conceito de midiatização segundo pesquisadores da UNISINOS[9]

Este ponto tem por finalidade dar uma nota sobre como cada pesquisador do Programa de Pós-Graduação em Comunicação da UNISINOS, em sua linha de Midiatização e Processos Sociais, trabalha o conceito de midiatização e com quais outros conceitos o relacionam[10]. É a partir de sua atuação que o conceito de midiatização foi se estabelecendo como fundamental.

a. *Pontos de convergência*

Como em qualquer área do conhecimento, as pesquisas sobre comunicação realizadas podem, por vezes, apresentar perspectivas divergentes, porém se complementam e apontam para um mesmo objeto central: no caso, a midiatização.

Cada um desenvolve suas pesquisas acerca de conceitos que lhe parecem fundamentais para ajudar na compreensão deste fenômeno. O objeto central comum a eles se desdobra em objetos

---

9. Texto elaborado por Evelin de Oliveira Haslinger - Bolsista AT CNPq.
10. Linha de Pesquisa Midiatização e Processos Sociais
Conceitos que orientam cada pesquisa:
Prof. Dr. Antonio Fausto Neto – Circulação;
Prof. Dra. Ana Paula Rosa – Imagens totens e circulação;
Prof. Dr. José Luiz Braga – Circuitos e Dispositivos interacionais;
Prof. Dr. Jairo Ferreira – Circulação e Dispositivos midiáticos;
Prof. Dr. Pedro Gilberto Gomes – Ambiência e midiatização.

específicos: circulação, dispositivos midiáticos, circuitos e dispositivos interacionais, imagens totens e ambiência.

Porém, mesmo que as pesquisas sejam diversificadas, todos trabalham em busca da constituição do conceito de Midiatização e, consequentemente, do campo comunicacional.

Com isso, os pesquisadores convergem em vários pontos acerca do que vem a ser a midiatização. Existe a consciência de que ela é um processo social, não sendo sinônimo de uso de tecnologias. Sendo um processo, é algo que está acontecendo. A midiatização não é um conceito fechado, finalizado. Uma sociedade em vias de midiatização, por estar em processo, não proporciona todas as respostas. As pesquisas realizam-se enquanto os processos se desenvolvem.

A midiatização não nega a sociedade dos meios, mas reconhece os estudos desenvolvidos e suas contribuições para as pesquisas sobre midiatização. Não se sabe ao certo o momento de ruptura da sociedade dos meios para uma sociedade em vias de midiatização. Em algumas realidades, pode-se inferir que ainda exista a sociedade dos meios. Não quer dizer que a sociedade em vias de midiatização é qualitativamente superior à sociedade dos meios.

O conceito de midiatização, segundo esses autores do PPG-Com, se constrói a partir de aspectos da realidade social contemporânea, ou seja, a midiatização não é caracterizada pela existência da técnica por si só, mas a finalidade dada a ela pela sociedade. Enfatiza-se o modo como a sociedade usa a técnica, o que ela faz com o aparato tecnológico.

b. *Projetos desenvolvidos pela linha Midiatização e Processos Sociais*

Antes de entrar propriamente no conceito de midiatização que cada pesquisador desenvolve em suas pesquisas, um breve relato de duas pesquisas desenvolvidas em conjunto na linha Midiatização e Processos Sociais com outras Universidades: Rede Prosul e Rede Procad.

Em 2008, foi publicado o livro *Midiatização e processos sociais na América Latina*, que resultou do projeto "Comunicação: sentido e sociedade"[11]. O projeto foi executado pela Universidade do Vale do Rio dos Sinos com a colaboração da Universidade Nacional da Colômbia, Universidade Católica do Uruguai, Universidade de Buenos Aires e Universidade Nacional do Rosário.

Em 2013, outra publicação, resultante do esforço coletivo de todos os pesquisadores da linha, saiu a lume[12]. A obra é um momento de passagem do processo de cooperação entre UNISINOS, UFG e UFJF através do projeto intitulado "Crítica Epistemológica". Iniciativa viabilizada com apoio da CAPES através de seu Programa Nacional de Cooperação Acadêmica (Procad).

A Rede Internacional de Midiatização e Processos Sociais (Associação entre o PPGCom da UNISINOS, Universidade Federal de Santa Maria e Universidade de Estocolmo) vem realizando Seminários Internacionais (presencial e *on-line*) periódicos sobre o tema. Está em curso a sua sexta edição[13]. Foram publicados 4 livros, em português e inglês.

---

11. Financiado através do edital CNPq 016/2004 da Rede Prosul.
12. Braga, José Luiz et al. *10 perguntas para a produção de conhecimento em comunicação*. São Leopoldo: UNISINOS, 2013.
13. DATA DE SUBMISSÃO GRUPOS DE TRABALHO – TEMAS LIVRES – VI SEMINÁRIO MIDIATIZAÇÃO
Caras e caros colegas,
Está ampliado o período de submissões de resumos expandidos para o VI Seminário Internacional de Pesquisas em Midiatização e Processos Sociais, que será realizado em modalidade híbrida, conforme o seguinte cronograma:
– Submissão de resumos expandidos: *on-line* até 15 fevereiro de 2023.

c. *Olhares sobre a midiatização*

Fausto Neto (2010) relaciona a midiatização com o conceito de circulação. Segundo o autor, na *sociedade em vias de midiatização* estamos diante de um novo cenário sociotécnico-discursivo que constitui as novas interações entre produção/recepção, e estas resultam de novas formas de organização de circulação de circuitos. A circulação adquire uma dimensão problematizadora na sociedade em vias de midiatização.

Para Braga (2006), a palavra "mediatização" pode ser relacionada pelo menos a dois âmbitos sociais: processos sociais e lógicas da mídia. Conceitos caros a Braga são os dispositivos interacionais

---

– Apresentações nos Grupos de Trabalho: remotamente, de 01 a 03 de maio. Obs.: Haverá evento presencial dos GTs, em maio, na mesma semana de realização das Mesas, na USP.
– Mesas de Debate: presencialmente, na ECA/USP, de 06 a 10 de maio de 2024. Algumas mesas ocorrem em março e abril, remotamente.
Tema do VI Seminário Midiatização:
Esta edição do evento enfocará três eixos temáticos a serem pensados em visada comunicacional, na perspectiva da midiatização: Antropoceno; Classificações Sociais; Ambiente. Esses três eixos, direcionadores da chamada de trabalhos, comportam desde abordagens originadas na antropologia até aquelas relativas às caracterizações tecnológicas que demarcam as sociedades capitalistas contemporâneas.
É importante ressaltar que os eixos acima mencionados perpassam todo o Seminário e não correspondem aos grupos de trabalhos que serão formados posteriormente à submissão dos resumos. Para ler a chamada completa, acesse: https://www.midiaticom.org/seminario-midiatizacao/tema/
Submissões:
Os Grupos de Trabalho são de temas livres, incluindo o tema geral do VI Seminário.
Os resumos expandidos devem ser enviados no formulário a seguir, seguindo as normas de anonimato e *template* informados em: https://www.midiaticom.org/seminario-midiatizacao/submissao-resumo-expandido/
Outras informações: https://www.midiaticom.org/seminario-midiatizacao
Dúvidas: midiatizacao.seminario@gmail.com

de referência. A partir deles, pode-se trabalhar a midiatização como conceito.

Ferreira centra suas pesquisas relacionando a midiatização com dois outros objetos: circulação e dispositivos midiáticos. Afirma que midiatização não é o que os meios fazem, mas um processo mais amplo que produz transformações observáveis nas articulações e remissões entre processos midiáticos e processos sociais, indivíduos e instituições.

Ana Paula Rosa desenvolve seu trabalho sobre imagens totens e circulação. Segundo Rosa (2014), pensar as imagens hoje é inseri-las na ambiência da midiatização, uma vez que os processos sociais estão atravessados pelas lógicas da mídia.

Para Gomes, a midiatização é o que ele descreve como uma nova ambiência e o novo modo de ser no mundo (2016, 2017, 2022).

4. Conceito de midiatização nas teses do Programa de Pós-Graduação em Ciências da Comunicação da UNISINOS

Uma amostragem feita com algumas teses de alunos e alunas do Programa traz uma fotografia de como, ao longo dos anos, o PPGCom da UNISINOS foi estruturando a sua pesquisa e construindo o conceito de midiatização. O termo em questão não foi gerado pelos pesquisadores da UNISINOS. Ele possui raízes nos inícios do século XX, quando pensadores do norte da Europa o estudaram profusamente[14]. A novidade reside na sua aplicação como chave hermenêutica para interpretar a realidade presente, compreendida como uma sociedade em midiatização, que está dando azo para que se estabeleça um outro modo de ser no mundo. Por isso, é fundamental visitar algumas teses produzidas pelo Programa.

---

14. Isso pode ser observado acima, no capítulo 2 deste trabalho.

Ana Paula de Siqueira Saldanha (2003) estuda a requalificação do processo político eleitoral contemporâneo que, segundo ela, se dá a partir do acionamento de um conjunto de mecanismos por parte de um *locus* específico midiático denominado telejornal, possibilitado pelo fenômeno da midiatização processado pelo campo midiático.

Luis Ignacio Sierra Gutiérrez (2007) analisa o fenômeno contemporâneo da *religião midiatizada* na televisão católica, buscando as estratégias de reconhecimento de sentidos religiosos e as práticas sociossimbólicas religiosas desenvolvidas por telefiéis católicos.

Viviane Borelli (2007) examina os modos com que os processos midiáticos afetam os rituais e as práticas religiosas através de análise das estratégias desenvolvidas pela Rede Vida de Televisão na construção da Telerromaria da Medianeira.

Ana Ângela Faria Gomes (2007) toma por base a teoria sistêmica, analisa as intervenções televisivas na área social, em particular aquelas realizadas por meio do Programa *Criança Esperança*, operador institucional da Rede Globo de Televisão

Otávio José Klein (2008) busca compreender a midiatização dos indígenas caingangues nos produtos do telejornalismo da Rede Brasil Sul de Televisão, pertencente ao Grupo RBS, uma instituição midiática em rede do Rio Grande do Sul e Santa Catarina[15].

Arnaldo Toni Sousa das Chagas (2009) se propõe a investigar a midiatização do fenômeno das drogas através de uma ampla campanha de prevenção desenvolvida pela ONG CTDia e pela agência de publicidade OpusMúltipla.

Demétrio de Azeredo Soster (2009) examina as transformações que estão ocorrendo no âmbito do jornalismo a partir de sua imbricação com outros sistemas. A pesquisa observa o que representam,

---

15. Há alguns anos, a RBS vendeu a RBSSC, de Santa Catarina.

ao jornalismo, estes novos territórios conceituais a partir de uma reflexão teórica do fenômeno da midiatização.

Paulo Roque Gasparetto (2009) se propõe a examinar o fenômeno da midiatização da religião caracterizada como "comunidades de pertencimento", dando atenção para as suas causas, mas, sobretudo, mostrar experiências televisivas que atravessam o cotidiano dos fiéis, deslocando-os para vivências que se realizariam no interior da comunidade marcadamente sociorreligiosa-televisiva.

Ricardo Zimmermann Fiegenbaum (2010), no seu trabalho, tem como foco os processos pelos quais quatro igrejas do ramo protestante histórico brasileiro – as igrejas Metodista (IM), Presbiteriana do Brasil (IPB), Evangélica de Confissão Luterana no Brasil (IECLB) e Evangélica Luterana do Brasil (IELB) – estão implicadas na dinâmica da midiatização da sociedade.

Graziela Bianchi (2010) procura indagar como os processos de escuta do rádio foram se configurando e participando na conformação de uma memória *midiática radiofônica* de ouvintes hoje idosos, e constituindo assim parte de suas *histórias de vida midiática*.

Ricardo Pavan (2011) faz um delineamento do tecido comunicacional que se institui entre as construções humorísticas de um programa radiofônico e o imaginário identitário de sua audiência.

Carmem Lucia Souza da Silva (2012) examina as afetações das tensões entre campos sociais sobre as práticas do jornalismo na WEB, permeadas por lógicas desenvolvidas na ambiência da midiatização.

Reia Sílvia Rios Magalhães e Silva (2014) apresenta um trabalho que tem como fio condutor as tecnologias e o processo de midiatização da sociedade contemporânea. Busca cruzar as concepções teóricas sobre o ambiente das tecnologias para a construção do social com as percepções de docentes e discentes, participantes de grupos e núcleos de pesquisa do Curso de Serviço Social da Universidade Federal do Piauí – UFPI.

Arnaldo Oliveira Souza Júnior (2014) afirma, em sua tese, que o *blog* jornalístico esportivo se configura como um novo espaço de contato e de participação dos internautas, mediante a oferta de seus protocolos de comunicação web, provocando mudanças nas relações entre produtores e receptores no processo de interação social.

Carlos Alberto Jahn (2014) realiza uma pesquisa circunscrita no horizonte de midiatização. Problematiza a comunicação social enquanto geradora de indeterminações comunicacionais. Investiga cinco dispositivos interacionais em contexto de midiatização[16].

Para Monalisa Pontes Xavier (2014), a midiatização em acelerado processo na sociedade contemporânea altera de modo complexo o funcionamento das enunciações e os modos de interagir, que passam a acontecer vastamente no espaço de dispositivos midiatizados.

Nivea Canalli Bona (2014) produziu uma tese que é resultado de uma investigação que pretendeu descobrir como se configuram as práticas comunicacionais digitais de sujeitos comunicantes inseridos em movimentos sociais de Curitiba (Brasil) e Sevilha (Espanha) na perspectiva de suas trajetórias de comunicadores e como se vinculam à cidadania comunicativa.

O trabalho de Andres Kalikoske Teixeira (2014), sob o eixo teórico-metodológico da Economia Política da Comunicação, subsidiou-se de perspectivas científicas interdisciplinares para pesquisar e analisar criticamente a televisão na América Latina.

Deivison Moacir Cezar de Campos (2014) investiga a construção do pertencimento afro pela experiência em festas de *Black Music*. Defende-se a tese de que as interações sociais da comunidade negra, realizadas em torno do consumo coletivo de música, que se

---

16. A Secretaria de Segurança Pública de Canoas-RS; o videomonitoramento de veículos de um trecho da BR-116; Dispositivo Rosane de Oliveira; Dispositivo José Simão e o *blog* Pergunte ao Urso.

organizavam tradicionalmente pela estrutura de rodas sagradas ou profanas, foram afetadas pelo midiático.

Rebeca da Cunha Recuero Rebs (2014) parte do reconhecimento de que os *social network games* oferecem espaços para que os seus participantes exercitem a reflexão de suas identidades. Neles, sujeitos identificam-se e moldam seus perfis para serem reconhecidos e interagirem com os demais jogadores.

Leslie Sedrez Chaves (2014) faz uma reflexão acerca dos usos da internet pelos movimentos sociais negros em rede na comunicação de suas agendas de luta pela igualdade racial.

Ana Beatriz Nunes da Silva (2014), considerando a importância das culturas na constituição das sociedades e a cidadania comunicativa como um elemento fundamental para a construção e o reconhecimento cultural, objetivou investigar a construção das identidades culturais piauienses nas produções audiovisuais da Associação Brasileira de Documentaristas – Piauí e entender como se relacionam com a constituição da cidadania comunicativa cultural dessas identidades.

Rosana Cabral Zucolo (2014) examina a construção de um dispositivo interacional indicativo de uma experiência singular que se insere no cenário complexo das dinâmicas relacionais entre mídia e sociedade, capaz de fornecer elementos para a problematização dos fenômenos comunicacionais decorrentes do processo de midiatização.

Caroline Casali (2014) busca elaborar o fenômeno da circulação de saberes sobre Jornalismo na sociedade em midiatização, especialmente no que concerne à compreensão de articulações entre circuitos estabelecidos e fluxos comunicacionais mais tentativos de prática e crítica jornalística.

A pesquisa de Rafael Foletto (2015) busca problematizar questões comunicacionais da América Latina, a partir de um conjunto audiovisual que tem no seu centro os presidentes de diversos países do continente.

Fabiane Sgorla (2015) propõe um estudo de caso do telejornal *Jornal Nacional* (JN), da Rede Globo de Televisão, que analisa a disposição e a circulação discursiva que se realiza na manifestação como zona de contato expandida na rede social Facebook, de outubro de 2011 a fevereiro de 2015.

A pesquisa de Daniel Silva Pedroso (2015) se inscreve no âmbito dos estudos acerca da midiatização, descrevendo e problematizando as formas de interação entre a televisão e o telespectador, no contexto da Sociedade em vias de Midiatização.

Marco Antonio Bonito (2015) busca investigar os processos comunicativos presentes nos usos e apropriações de conteúdos multimídias digitais através da web, dos usuários com deficiência visual na perspectiva de sua cidadania comunicativa.

Natália de Sousa Aldrigue (2016), neste estudo, examina as práticas turísticas sob o enfoque comunicacional no contexto da midiatização, por meio do estudo de casos do *site* Tripadvisor e da página Trip Tips, com o objetivo de observar como tais práticas vêm sendo modificadas e permeadas por operações midiáticas e por suas lógicas.

Gilson Luiz Piber da Silva (2016) propõe-se a examinar a analítica da midiatização esportiva, por meio das estratégias discursivas das colunas redigidas por Juca Kfouri e Tostão sobre a Copa do Mundo de 2014 no jornal *Folha de S. Paulo*.

Lúcio Siqueira Amaral Filho (2016) aborda a relação entre os meios e o seu comparecimento nas peças publicitárias produzidas para o YouTube. Para tanto, um primeiro movimento leva a pensar a web como multimeio, uma vez que ela atua como agente de transformações culturais e sociais no ambiente em que é inserida.

Para Moisés Sbardelotto (2016), com o avanço da midiatização digital, a Igreja Católica e a sociedade em geral desenvolveram novas modalidades de comunicação na internet, em que se constitui uma diversificada e difusa rede de relações entre símbolos, crenças e práticas vinculados ao catolicismo, aqui chamada de "católico".

Élida de Lima Ferreira (2016) estuda os processos comunicacionais engendrados na construção de um acontecimento midiático em torno do adoecimento de uma celebridade.

Ricardo Vernieri de Alencar (2016) propõe-se a examinar como se estabelecem as inter-relações e como se adaptam as várias instituições e os agentes posicionados, diante da entrada de uma nova informação em um circuito-ambiente midiatizado nas eleições presidenciais de 2014.

Janaína Pereira Claudio (2016) busca compreender os processos comunicativos digitais nos usos e nas apropriações das mídias, especificamente a rede social Facebook, pelos sujeitos comunicantes surdos.

Tauana Mariana Weinberg Jeffman (2017) realizou sua pesquisa norteada pelo objetivo central de investigar e compreender as relações constituídas entre leitores da comunidade booktube em torno do livro e da leitura a partir da performance de gosto dos booktubers em seus canais no YouTube.

Manoella Maria Pinto Moreira das Neves (2017) considera que o cartaz, na sociedade em vias de midiatização, desprende-se ainda mais do suporte físico da cartolina e se mostra elemento de ingresso e performance nas manifestações contemporâneas ocorridas no Brasil e no mundo.

Julio Cezar Colbeich dos Santos aborda o estudo de caso do Grupo Voz. Tem como objetivo compreender as transformações no processo da visibilidade midiática do Grupo Voz através de relações e interações entre sua religiosidade, consumo e materialidade no desenvolvimento de seus conteúdos musicais e comunicacionais e se utiliza da etnografia virtual, como inspiração metodológica.

Daniel Bassan Petry (2017) afirma que, inspirada pelas propostas da arqueologia da mídia, esta pesquisa analisou as relações que se estabelecem entre *softwares*, fotografias pessoais, lembranças e memórias no ambiente digital.

Marcelo Salcedo Gomes (2017) trabalha sobre a natureza do devir-rosto nos processos midiáticos e suas reverberações na tecnocultura sob o prisma das audiovisualidades.

Micael Vier Behs (2017) examina as estratégias discursivas midiáticas empreendidas pela Igreja Universal do Reino de Deus (IURD), via dispositivo jornal, a fim de prover a sua inserção no campo da política.

Alexandre Dresch Bandeira (2017) constata que, numa sociedade cada vez mais midiatizada, surgem igrejas com inúmeras denominações usando o espaço midiático para enviar suas mensagens, tornando-se parte de um novo contexto social, cada vez mais disputado dentro dos meios de comunicação.

Rodrigo Severo Rodembusch (2018) realiza uma análise dos processos comunicativos entre comunicadores de rádios comunitárias situadas em Porto Alegre e os comunicadores ouvintes que compõem seu público no contexto da digitalização na perspectiva de construção de uma comunicação comunitária e de cidadania comunicacional.

Marina Zoppas de Albuquerque (2018), em sua tese, busca compreender os usos e as apropriações do Facebook realizados por sujeitos comunicantes dos movimentos sociocomunicacionais Defesa Pública da Alegria e Bloco de Lutas e suas articulações com outras práticas comunicativas, relacionadas às ações coletivas junto aos espaços públicos e a suas vinculações na perspectiva da cidadania comunicativa.

Marcelo Igor de Sousa (2018) afirma: nesta investigação, analisamos experiências de interação entre Governo Federal Brasileiro e cidadão, visando descrever ações comunicacionais empreendidas entre 2011 e 2016.

Juliana Bortholuzzi (2018) afirma que a evolução da tecnologia afetou diretamente as práticas comunicacionais, criando um novo cenário para a comunicação e, por consequência, para a moda, que se viu obrigada a reordenar seu sistema.

Para Edu Fernandes Lima Jacques Filho (2018), o agenciamento do público sobre um jogo pode não corresponder exatamente ao ato de jogar. As práticas de modificação estão presentes desde os primórdios da cultura dos jogos digitais, mas a condição contemporânea chama atenção pela qualidade de suas interações.

Bernardo Cortizo de Aguiar (2018) considera que a transmissão ao vivo pela internet, via *streaming*, do ato de jogar um *videogame* configura novas formas midiatizadas de jogar.

Para Lídia Raquel Herculano Maia (2019), as eleições presidenciais brasileiras de 2014 foram marcadas pelo acirramento da disputa, acompanhado de um intenso processo de conversação política nas redes e nas ruas. Nesse contexto, esta pesquisa investiga os processos interacionais desenvolvidos nas páginas do Facebook dos três principais candidatos à Presidência: Dilma Rousseff (PT), Aécio Neves (PSDB) e Marina Silva (PSB).

Aline Weschenfelder (2019) afirma que a presente pesquisa se desenvolve no âmbito dos estudos sobre midiatização e tem como foco a complexificação das atividades interacionais constituídas entre atores sociais em produção e recepção. A partir de estudo de caso midiatizado, busca-se compreender os tipos de vínculos interacionais que se organizam nos circuitos engendrados entre a blogueira Camila Coelho e seus coletivos no YouTube.

Hilario Junior dos Santos (2020) pesquisa *videogames* que têm uma cidade audiovisual como tema principal de sua construção. Trata-se de ambiências constituídas por imagens audiovisuais com montagens temporais e espaciais (MANOVICH, 2014; WALTHER, 2004; JÄRVINEN, 2002) que se atualizam (BERGSON, 2006) de forma lúdica entre *softwares*, *hardwares* e jogadores.

Lívia Freo Saggin (2020), em sua pesquisa de ação intervenção, tem como objetivo investigar e compreender as apropriações de oficinas educomunicativas, ofertadas a jovens de classe popular, e dos processos de criação e manutenção de um *blog* pensando as potencialidades, as aprendizagens e os conhecimentos desenvolvidos na perspectiva da cidadania comunicativa.

Eduardo Covalesky Dias (2020) busca compreender o problema comunicacional das interações entre atores e instituições em rede, perante questões políticas, na perspectiva epistemológica da midiatização; e utiliza como caso de análise a experiência da Prefeitura de Curitiba nas redes sociais digitais a partir de 2013.

Taís Flores da Motta (2020), tendo em vista as alterações sociais ocorridas a partir da ampliação constante de possibilidades de interação, tem como objetivo geral investigar os processos de transformação publicitária presentes nos vídeos do *Porta do Fundos*, que apresentam as marcas de forma incomum em relação à publicidade tradicional, bem como os usos e apropriações dos inscritos em comunicação do Canal no YouTube.

Marco Tulio de Sousa (2020) objetiva entender de que modo os processos midiáticos contemporâneos se integram à experiência de peregrinação, tendo por lugar de observação o Caminho de Santiago. A peregrinação midiatizada se dá a ver em múltiplas frentes.

Bantu Mendonça Katchipwi Sayla (2020), nesta pesquisa elegeu como tema de investigação a circulação da agressividade entre os adolescentes com a idade compreendida entre os 14 aos 16 anos, que estudam no Colégio de Nossa Senhora da Conceição na cidade de Benguela na República de Angola, tendo como marco epistemológico a Midiatização e os Processos Sociais.

Tiago Farias Braga (2021), em sua tese de doutorado, teve como objetivo o estudo da(s) lógica(s) dos processos midiáticos, considerando a dimensão interacional da Cracolândia, situada próximo ao Mercado Municipal de Governador Valadares, por meio da dialética dos olhares.

Hermundes Souza Flores de Mendonça (2021) diz que seu trabalho é o resultado de uma reflexão teórico-prática sobre a judicativa realização do direito no contexto comunicacional da midiatização. Articulamos os conceitos de midiatização, judicialização e ativismo judicial para responder a questões formuladas no curso do estudo empírico de casos múltiplos.

Flávia Xavier Barros (2021) diz que as experiências que vivemos por meio de nossos *smartphones* nos apontam para novas formas de estar no mundo, relações perpassadas pela técnica, pelas imagens e permeadas pelas subjetividades.

Eloy Santos Vieira (2021) afirma que o principal objetivo de sua tese é suscitar algumas reflexões sobre as articulações entre os elementos da Cultura de Massa e da Cultura Digital. Para isso, a pesquisa parte da centralidade do audiovisual e o papel estratégico dos memes de internet, enquanto grandes articuladores desses dois polos.

Sônia Maria Queiroz de Oliveira (2021), em sua pesquisa, teve por objetivo investigar, na perspectiva de constituição de cidadania comunicativa, a participação dos sujeitos surdos nos processos comunicacionais na Asugov e na página dessa associação em inter-relação com seus perfis pessoais no Facebook.

Bruna Lapa da Guia (2021) busca compreender os processos comunicacionais, usos e apropriações dos territórios digitais pelos coletivos feministas Odara –Instituto da Mulher Negra, Coletivo Feminino Plural e Movimento de Mulheres Olga Benário.

Amarildo Lourenço Costa (2021) diz que, processada no espaço de interface entre direito e comunicação, sua pesquisa busca observar e descrever o atravessamento do sistema jurídico por lógicas midiáticas, no contexto da Campanha Anticorrupção e a partir da problemática da midiatização em processo.

Breno Inácio da Silva (2021) buscou compreender os meandros da constituição dos imaginários coletivos sobre crime, criminoso, pena e ressocialização, partindo das afetações de estrutura comunicacional.

Anaís Schüler Bertoni (2021) trata sobre as estratégias de comunicação da Uber entre o duplo desafio: a midiatização da inovação e da conjuntura de risco/Covid-19.

Hálisson Rodrigo Lopes (2021) realiza um trabalho que consiste num estudo de caso único integrado, com múltiplas análises empíricas, acerca das interpenetrações entre os campos jornalístico e jurídico, considerando as lógicas que envolvem a produção de notícias e do processo judicial para apuração dos atos de corrupção, verificados na Operação Mar de Lama.

Maria do Carmo Pasquali Falchi (2023) investiga as experiências comunicacionais de pacientes com Síndrome de Turner (ST) e seus familiares nas plataformas digitais na ambiência da midiatização.

Marlon Santa Maria Dias (2022) investiga os modos testemunhais do sofrimento na contemporaneidade, a partir da configuração de acontecimentos nas redes digitais. Procura-se compreender de que maneira o sofrimento é produzido e reconhecido, considerando o caráter testemunhal e acontecimental dessa experiência.

Dinis Ferreira Cortes (2022), em sua tese, busca compreender as lógicas dos processos midiáticos nas relações entre plataformas, meios algorítmicos e interação, na perspectiva da midiatização.

Paulo Júnior Melo da Luz (2022) tem sua tese construída em diálogo com mulheres transexuais e travestis para entender a constituição de suas identidades e corporalidades, em processos comunicacionais e midiáticos, na perspectiva de construção da cidadania transcomunicativa.

Marciano Rogério da Silva (2022) concentra-se em analisar as lógicas de interpenetração dos campos comunicacional e jurídico na tentativa de (re)construção da realidade factual, e em entender como esses atravessamentos de campos cooperam para a construção de uma sociedade (ambiente) melhor e mais justa.

João Damásio da Silva Neto (2022) investiga a circulação do imaginário na midiatização a partir do caso dos museus espíritas. Pouco se fala sobre imagem no contexto do espiritismo, mas uma iconicidade surge com a urgência de preservar os simbolismos dessa religiosidade estabelecida há pouco mais de 170 anos em uma sociedade transformada por processos midiáticos.

Pedro Vasconcelos Costa e Silva (2022), guiado pelos estudos da midiatização, realiza uma pesquisa que tem como objetivo investigar como a inovação CBF VAR tem sido percebida pelos atores sociais e instituições envolvidas com a produção e a recepção do espetáculo esportivo no Brasil.

Epílogo aberto

Depois de percorrer um caminho complexo, prenhe de nuances e realizações, eis um momento de fechamento. Entretanto, esse não é um epílogo fechado, significando algo acabado. Pelo contrário, ele se apresenta como uma janela aberta para o futuro. O pesquisador, com a experiência do passado, vislumbra o futuro da reflexão que continua a desafiar aqueles que a ela se dedicam.

O grande objetivo buscado foi encontrar (produzir?) um paradigma que dê conta da realidade identificada como uma sociedade em midiatização. Há uma consciência de que os paradigmas antigos, que deram suporte para a real semantização da sociedade em termos de comunicação, não mais conseguem dar conta do comedido. A realidade por eles explicada mudou radicalmente. As redes sociais, as experiências tecnológicas, a IA transtornaram completamente a tranquilidade da vida social e desalojaram pessoas e instituições de suas zonas de conforto.

Num primeiro momento, o olhar direcionou-se para o passado, identificando as tendências e realizações na pesquisa em comunicação. O suporte da reflexão foi a analogia baseada em Nietzsche, no livro *Assim falou Zaratustra*, com as figuras do Camelo, do Leão e do Menino, como uma chave hermenêutica para compreender a evolução do pensamento sobre comunicação a partir da metade do século XIX. Cada fase da história foi identificada ou com o Camelo, o Leão ou o Menino. Sendo que a abertura ao novo se deu a partir do Menino.

O segundo momento significou a tentativa da busca de um novo paradigma, principalmente e partir da América Latina, com ênfase no Brasil. Superando-se a visão do norte sobre a gênese e o significado da midiatização, chegou-se ao conceito de sociedade em midiatização que, criando uma ambiência, estabelece um outro modo de ser no mundo.

O terceiro ponto (Trinta anos este ano) recupera a trajetória do Programa de Pós-Graduação em Ciências da Comunicação da Universidade do Vale do Rio dos Sinos, criado em 1994.

As reflexões, pesquisas e teses do Programa (em vias de extinção) deram a esse um protagonismo inédito no Brasil. No limiar de completar trinta anos, o Programa recebeu a nota máxima da CAPES (7,0). Uma decisão administrativa da Universidade declarou a não continuidade do Programa, mas seu legado transcende a sua história.

Isso pode ser constatado a partir dos projetos de seus professores e alunos. Para a memória, apresenta-se a visão de alunos e alunas sobre a midiatização e como, em suas teses, trabalharam o conceito, de acordo com as orientações do quadro docente.

Os objetos são os mais diversos, de acordo com os interesses dos estudantes. Teses abrangem os mais distintos ângulos e problemas sociais. Entretanto, todos os trabalhos enquadram-se no marco dos processos midiáticos e na perspectiva de uma sociedade em midiatização. Os dispositivos tecnológicos transcendem a delimitação de instrumentos, de meios, para uma dimensão das redes sociais enquanto criadoras de condições para um outro modo de ser no mundo. Conceitos operacionais importantes, como circulação (Fausto Neto), a imagem (Ana Paula Rosa), os algoritmos (Jairo Ferreira), os dispositivos operacionais de referência (Braga), a epistemologia (Efendy e Jiani Bonin), audiovisibilidade (Gustavo Fischer), a ambiência (Gomes), entre outros.

Esse texto foi escrito para que as pesquisas, reflexões dos professores que fizeram a história do Programa de Pós-Graduação em Ciências da Comunicação da Universidade do Vale do Rio dos Sinos não sejam engolidas pelas brumas da história e não caiam no esquecimento sistemático, destino de organizações e civilizações. O legado desse Programa, que no trabalho diuturno de seus agentes foi sendo organizado, transcende a sua existência material e avança, na sua provisoriedade, para a construção de uma Escola UNISINOS de Comunicação e Midiatização. Essa é a herança que fica para a pesquisa brasileira sobre comunicação. O Programa morre, mas ressuscita na ação e na reflexão de seus inúmeros alunos espalhados em todos os cantos do Brasil e da América Latina.

BIBLIOGRAFIA

ADORNO, Theodor; HORKHEIMER, Max. "A indústria cultural. O Iluminismo como mistificação das massas". In: LIMA, Luiz Costa. *Teoria da Cultura de Massa*. Rio de Janeiro: Paz e Terra, 1978, p. 159-204.

AGUIAR, Bernardo Cortizo de. *A midiatização do jogar: do círculo mágico aos circuitos-ambiente nos usos das redes digitais via* streaming. Tese de doutoramento apresentada no Programa de Pós-Graduação em Ciências da Comunicação da Universidade do Vale do Rio dos Sinos, em 2018, sob a orientação de Jairo Getúlio Ferreira. São Leopoldo: UNISINOS, 2018.

ALBUQUERQUE, Marina Zoppas de. *Entre as redes sociais digitais e as ruas: processos comunicacionais dos coletivos Defesa Pública da Alegria e Bloco de Lutas*. Tese de doutoramento apresentada no Programa de Pós-Graduação em Ciências da Comunicação da Universidade do Rio dos Sinos, em 2018, sob a orientação de Jiani Adriana Bonin. São Leopoldo: UNISINOS, 2018.

ALDRIGUE, Natália de Sousa. *Midiatização das práticas turísticas: estudo de caso sobre o* site *Tripadvisor e a página Trip Tips*. Tese de doutoramento defendida em 2016, no Programa de Pós-Graduação em Ciências da Comunicação, na Universidade do Vale do Rio dos Sinos, sob a orientação de Antônio Fausto Neto.

ALENCAR, Ricardo Vernieri de. *A regulação das interações através da constituição de circuitos-ambientes: o caso das pesquisas de intenções de votos nas eleições presidenciais de 2014 – primeiro turno*. Tese de doutoramento defendida em 2016, no Programa de Pós-Graduação em Ciências da Comunicação, na Universidade do Vale do Rio dos Sinos, sob a orientação de Jairo Getúlio Ferreira. São Leopoldo: UNISINOS, 2016.

AMARAL FILHO, Lúcio Siqueira. *Do player à interface: escavações publicitárias no YouTube em busca da relação entre os meios*. Tese de doutoramento defendida em 2016, no Programa de Pós-Graduação em Ciências da Comunicação, na Universidade do Vale do Rio dos Sinos, sob a orientação de Gustavo Fischer Daudt.

BAKHTIN, Mikhail. *Teoria do romance II. As formas do tempo e do cronotopo*. São Paulo: Editora 34, 2018.

BANDEIRA, Alexandre Dresch. *Valdemiro Santiago parte para o abraço: Estratégias midiáticas e interacionais envolvidas na Igreja Mundial do Poder de Deus*. Tese de doutoramento apresentada no Programa de Pós-Graduação em Ciências da Comunicação, da Universidade do Vale do Rio dos Sinos, em 2017, sob a orientação de Pedro Gilberto Gomes. São Leopoldo: UNISINOS, 2017.

BARBERO, Jesús Martín. "De la Filosofía a la comunicación". Entrevista a Luis Javier Mier Verga, in *Comunicación*, Caracas, v. 18, n. 82, p. 70-72, octubre, 1993.

_____. "Desafios à Pesquisa em Comunicação na América Latina", *Boletim INTERCOM*, 49-50, São Paulo, 1984, p. 24-35.

_____. *De los medios a las mediaciones: comunicación, cultura y Hegemonía*. Barcelona: Gustavo Gili, 1987.

BARROS, Flavia Xavier. *Personalização: personas e experiências tecnoimaginativas contemporâneas*. Tese apresentada no Programa de Pós-Graduação em Ciências da Comunicação da Universidade do Vale do Rio dos Sinos, em 2021, sob a orientação de Sonia Estela Montaño La Cruz. São Leopoldo: UNISINOS, 2021.

BEHS, Michael Vier. *Estratégias jornalísticas da Igreja Universal do Reino de Deus nas eleições 2006/2008: o caso da Folha Universal*. Tese de doutoramento defendida em 2017, no Programa de Pós-Graduação em Ciências da Comunicação, na Universidade do Vale do Rio dos Sinos, sob a orientação de Antônio Fausto Neto. São Leopoldo: UNISINOS, 2017.

BELTRÁN, Luis Ramiro. "Adeus a Aristóteles: comunicação horizontal". In: *Comunicação & Sociedade*, ano III, n. 6 (set. 1981), São Bernardo do Campo: IMS.

BERTONI, Anaís Schüler. *Um Uber para chamar de teu, Porto Alegre. As estratégias de comunicação entre o duplo desafio: midiatização da inovação e da conjuntura de risco/Covid-19*. Tese apresentada no Programa de Pós-Graduação em Ciências da Comunicação da Universidade do Vale do Rio dos Sinos, em 2021, sob a orientação de Antônio Fausto Neto. São Leopoldo: UNISINOS, 2021.

BIANCHI, Graziela. *Midiatização radiofônica nas memórias da recepção: Marcas dos processos de escuta e dos sentidos configurados nas trajetórias de relações dos ouvintes com o rádio*. Tese defendida no Programa de Pós-Graduação em Ciências da Comunicação, sob a orientação de Jiani Adriana Bonin, em 2010.

BONA, Nivea Canalli. *Práticas comunicacionais digitais de comunicadores inseridos em movimentos sociais de Curitiba e Sevilha na perspectiva da cidadania comunicativa*. Tese de doutoramento defendida no Programa de Pós-Graduação em Ciências da Comunicação da Universidade do Vale do Rio dos Sinos, sob a orientação de Jiani Adriana Bonin. São Leopoldo: UNISINOS, 2014.

BONITO, Marco Antonio. *Processos da comunicação digital deficiente e invisível: mediações, usos e apropriações dos conteúdos digitais pelas pessoas com deficiência visual no Brasil*. Tese de doutoramento defendida em 2015, no Programa de Pós-Graduação em Ciências da Comunicação, na Universidade do Vale do Rio dos Sinos, sob a orientação de Jiani Adriana Bonin.

BORELLI, Viviane. *Da festa ao cerimonial midiático: as estratégias de midiatização da telerromaria da medianeira pela Rede Vida*. Tese defendida em 2007, no Programa de Pós-Graduação em Ciências da Comunicação da UNISINOS, sob a orientação de Antônio Fausto Neto.

BORTHOLUZZI, Juliana. *Processos sociomidiáticos no sistema da moda*. Tese apresentada no Programa de Pós-Graduação em Ciências da Comunicação da Universidade do Vale do Rio dos Sinos, em 2018, sob a orientação de Fabrício Lopes da Silveira. São Leopoldo: UNISINOS, 2018.

BRAGA, José Luiz. "Circuitos *versus* campos sociais". In: MATOS, Maria Ângela; JANOTTI JUNIOR, Jeder; JACKS, Nilda Aparecida. *Mediação e Midiatização*: Livro Compós 2012. Salvador/Brasília: UFBA/COMPÓS, 2012, p. 31-52.

_____. "Mediatização como processo interacional de referência". Versão revista de artigo apresentado no GT Comunicação e Sociabilidade, do XV Encontro da Compós, na Unesp, Bauru, São Paulo, em julho de 2006. 23 p.

BRAGA, Tiago Farias. *A dialética dos olhares e os dispositivos comunicacionais/midiáticos: um estudo das lógicas dos processos interacionais no território da crackolândia na cidade de Governador Valadares/MG*. Tese apresentada no Programa de Pós-Graduação em Ciências da Comunicação da Universidade do Vale do Rio dos Sinos, em 2021, sob a orientação de Jairo Getúlio Ferreira. São Leopoldo: UNISINOS, 2021.

CAMPOS, Deivison Moacir Cezar de. *Do disco à roda: a construção do pertencimento afrobrasileiro pela experiência na festa Negra Noite*. Tese de doutoramento defendida no Programa de Pós-Graduação em Ciências da Comunicação da Universidade do Vale do Rio dos Sinos, sob a orientação de Fabrício Lopes da Silveira. São Leopoldo: UNISINOS, 2014.

CASALI, Caroline. *Circulação de saberes sobre jornalismo na sociedade em midiatização*. Tese de doutoramento defendida no Programa de Pós-Graduação em Ciências da Comunicação da Universidade do Vale do Rio dos Sinos, sob a orientação de Jose Luiz Warren Jardim Gomes Braga. São Leopoldo: UNISINOS, 2014.

CHAGAS, Toni Sousa das. *Estratégias de midiatização das drogas: Estudo de uma campanha de prevenção às drogas promovida na CTDIA*. Tese defendida no Programa de Pós-Graduação em Ciências da

Comunicação da UNISINOS, sob a orientação de Antônio Fausto Neto, em 2009.

CHAVES, Leslie Sedrez. *Usos da internet nos movimentos sociais negros em rede na luta pela igualdade racial no Brasil: estudo de caso da Agência Afropress*. Tese de doutoramento defendida no Programa de Pós-Graduação em Ciências da Comunicação da Universidade do Vale do Rio dos Sinos, sob a orientação de Denise Cogo. São Leopoldo: UNISINOS, 2014.

CLAUDIO, Janaína Pereira. *A cultura dos sujeitos comunicantes surdos: construções da cidadania comunicativa e comunicacional digital no Facebook*. Tese de doutoramento defendida no Programa de Pós-Graduação em Ciências da Comunicação da Universidade do Vale do Rio dos Sinos, sob a orientação de Efendy Maldonado. São Leopoldo: UNISINOS, 2016.

CORTES, Dinis Ferreira. *Narrativas, algoritmos e o controle tentativo no processo de gamificação: dos agenciamentos dos processos à materialização da experiência mental*. Tese apresentada no Programa de Pós-Graduação em Ciências da Comunicação da Universidade do Vale do Rio dos Sinos, em 2022, sob a orientação de Jairo Getúlio Ferreira. São Leopoldo: UNISINOS, 2022.

COSTA, Amarildo Lourenço. *Midiatização da campanha anticorrupção do Ministério Público Federal: estratégias, articulações e surpresas*. Tese apresentada no Programa de Pós-Graduação em Ciências da Comunicação da Universidade do Vale do Rio dos Sinos, em 2021, sob a orientação de Antônio Fausto Neto. São Leopoldo: UNISINOS, 2021.

DIAS, Eduardo Covalesky. *Interação ator-instituição: processos comunicacionais entre cidadãos e a Prefeitura de Curitiba nas redes sociais digitais*. Tese apresentada no Programa de Pós-Graduação em Ciências da Comunicação da Universidade do Vale do Rio dos Sinos, em 2020, sob a orientação de Jairo Getúlio Ferreira. São Leopoldo: UNISINOS, 2020.

DIAS, Marlon Santa Maria. *O desassossego das imagens: políticas do sofrimento em redes digitais*. Tese apresentada no Programa de Pós-Graduação em Ciências da Comunicação da Universidade do Vale do Rio dos

Sinos, em 2022, sob a orientação de Ronaldo César Henn. São Leopoldo: UNISINOS, 2022.

FADUL, Anamaria. "Cultura e Comunicação: A Teoria Necessária". In: KUNSCH, Margarida Maria; ASSIS, Francisco de Assis (orgs.). *Comunicação, Democracia e Cultura*. São Paulo: Loyola/INTERCOM, 1989.

FALCHI, Maria do Carmo Pasquali. *Experiências comunicacionais em efeito borboleta: elaborações da doença e de si na ambiência da midiatização*. Tese apresentada no Programa de Pós-Graduação em Ciências da Comunicação da Universidade do Vale do Rio dos Sinos, em 2023, sob a orientação de Pedro Gilberto Gomes. São Leopoldo: UNISINOS, 2023.

FAUSTO NETO, Antonio. *A circulação além das bordas. Mediatización, Sociedad y Sentido: Diálogos Brasil y Argentina*. Rosário: UNR, 2010, p. 2-17.

FAXINA, Elson; GOMES, Pedro Gilberto. *Midiatização. Um novo modo de ser e viver em sociedade*. São Paulo: Paulinas, 2016.

FELICIANO, Fátima Aparecido. *Jornalismo: a prática e a gramática – A questão da influência do projeto pedagógico UNESCO/CIESPAL nos rumos do ensino de jornalismo no Brasil*. São Paulo, 1987, 267 p. Tese, Mestrado, ECA/USP.

FERREIRA, Élida de Lima. *Complexificação do acontecimento na sociedade em midiatização: circulação e atorização do caso Gianecchini*. Tese de doutoramento defendida em 2016, no Programa de Pós-Graduação em Ciências da Comunicação, na Universidade do Vale do Rio dos Sinos, sob a orientação de Antônio Fausto Neto.

FERREIRA, Jairo. *Adaptação, disrupção e reação em dispositivos midiáticos: questões sobre a incerteza e indeterminação nos processos de midiatização*. In: FAUSTO NETO, Antônio; RAIMONDO ANSELMINO, Natalia; GINDIN, Irene Lis. (Org.). Relatos de investigaciones sobre mediatizaciones. Rosario: UNR Editora. Editorial de la Universidad Nacional de Rosário, 2015.

FIEGENBAUM, Ricardo Z. *Midiatização: a Reforma Protestante do século XXI? – Igrejas, dispositivos midiáticos e sistemas de valor, de visibilidade e de vínculo entre regulações e resistências*. Tese defendida no Programa de Pós-Graduação em Ciências da Comunicação, sob a orientação de Jairo Getúlio Ferreira, em 2010.

FOLETTO, Rafael. *Presidentes de Latinoamérica: inter-relações entre sujeitos comunicantes e a série de entrevistas*. Tese de doutoramento defendida no Programa de Pós-Graduação em Ciências da Comunicação da Universidade do Vale do Rio dos Sinos, sob a orientação de Efendy Maldonado. São Leopoldo: UNISINOS, 2014.

FRANCIS, Paulo. *Trinta anos esta noite. O que vi e vivi*. Rio de Janeiro: Companhia das Letras, 1994.

G. PALO. "Comunicação". In: VÁRIOS. *Diccionário Teológico Interdisciplinar*. II. Salamanca: Siguime, 1982, p. 51-63.

GASPARETO, Paulo. *Midiatização da Religião: processos midiáticos e a construção de novas comunidades de pertencimento. Estudo sobre a recepção da TV Canção Nova*. Tese defendida no Programa de Pós-Graduação em Ciências da Comunicação, sob a orientação de Antônio Fausto Neto, em 2009.

GOLDSTEIN, Gisela Taschner. "Indústria cultural". In: QUEIROZ e SILVA, Roberto (coord.). *Temas Básicos em Comunicação*. São Paulo: Paulinas/INTERCOM, 1983, p. 28-31.

GOMES, Ângela Farias. *A midiatização do social: Globo e Criança Esperança tematizando a realidade brasileira*. Tese defendida em 2007, no Programa de Pós-Graduação de Ciências da Comunicação da UNISINOS, sob a orientação de Ione Maria G. Bentz.

GOMES, Marcelo Salcedo. *A rosticidade da tecnocultura na galáxia National Geographic*. Tese de doutoramento defendida em 2017, no Programa de Pós-Graduação em Ciências da Comunicação, na Universidade do Vale do Rio dos Sinos, sob a orientação de Susana Kilpp. São Leopoldo: UNISINOS, 2017.

GOMES, Pedro Gilberto. *Desandar o andado. Os subterrâneos dos processos midiáticos*. São Paulo: Loyola, 2022.

_____. *Dos meios à midiatização. Um conceito em evolução*. São Leopoldo: Editora UNISINOS, 2017.

_____. Midiatização: um conceito, múltiplas vozes. In: FAUSTO NETO, Antonio; ANSELMINO, Natalia Raimondo; GINDIN, Irene Lis (orgs.). CIM – Relatos de Investigaciones sobre mediatizaciones. Rosário: UNR Editora, 2015, p. 33-35. Disponível em: http://www.cim.unr.edu.br/archivos/cuadernocim4.pdf.

_____. *Tópicos de Teoria da Comunicação.* ²2004 [1995]. São Leopoldo: UNISINOS.

GUIA, Bruna Lapa da. *Feminismo e cidadania comunicativa: processos comunicacionais de coletivos feministas de Porto Alegre e Salvador.* Tese apresentada no Programa de Pós-Graduação em Ciências da Comunicação da Universidade do Vale do Rio dos Sinos, em 2021, sob a orientação de Jiani Adriana Bonin. São Leopoldo: UNISINOS, 2021

JACQUES FILHO, Edu Fernandes Lima. *(Re)faça você mesmo: práticas de modding e a circulação midiática na série de jogos ARMA.* JACQUES FILHO, Edu Fernandes Lima. (Re)faça você mesmo: práticas de modding e a circulação midiática na série de jogos arma. Processos sociomidiáticos no sistema da moda. Tese apresentada no Programa de Pós-Graduação em Ciências da Comunicação da Universidade do Vale do Rio dos Sinos, em 2018, sob a orientação de Pedro Gilberto Gomes. São Leopoldo: UNISINOS, 2018.

JAHN, Carlos Alberto. *Indeterminações comunicacionais geradoras de indefinição ética: um estudo de casos múltiplos de dispositivos interacionais, circuitos comunicacionais e lógicas tentativas.* Tese de doutoramento apresentada no Programa de Pós-Graduação de Ciências da Comunicação da Universidade do Vale do Rio dos Sinos, sob a orientação de José Luiz Warren Jardim Gomes Braga. São Leopoldo: UNISINOS, 2014. http://www.repositorio.jesuita.org.br/handle/UNISINOS/4401.

JEFFMAN, Tauana Mariana Weinberg. *Booktubers: performances e conversações em torno do livro e da leitura na comunidade booktube.* Tese de doutoramento defendida em 2017, no Programa de Pós-Graduação em Ciências da Comunicação, na Universidade do Vale do Rio dos Sinos, sob a orientação de Jiani Adriana Bonin.

KLEIN, Otávio José. *A midiatização no telejornalismo em rede – As reportagens da Rede Brasil Sul de Televisão sobre os indígenas caingangues no Rio Grande do Sul*. Tese defendida no Programa de Pós-Graduação em Ciências da Comunicação da UNISINOS, em 2008, sob a orientação de Jairo Getúlio Ferreira.

LAZARSFELD, Paul; BERELSON, Bernard; MCPHEE, William. *Voting. A Study of Opinion Formation during a Presidential Campaing*. Chicago: University of Chicago Press, 1954.

LAZARSFELD, Paul; BERELSON, Bernard; GAUDET, Hazel. *The People's Choice. Haw the Voter Makes Up his Mind in the Presidential Campaing*. Versão Castelhana. *El Pueblo elige: Cómo decide el pueblo en una campaña electoral*. Buenos Aires: Ediciones 3, 1962.

LIMA, Luiz Costa. *Teoria da Cultura de Massa*. Rio de Janeiro: Paz e Terra, 1978.

LOPES, Hálisson Rodrigo. *Sistemas e lógicas nas interpenetrações entre os campos jurídico e jornalístico: o caso Operação Mar de Lama*. Tese apresentada no Programa de Pós-Graduação em Ciências da Comunicação da Universidade do Vale do Rio dos Sinos, em 2021, sob a orientação de Jairo Ferreira. São Leopoldo: UNISINOS, 2021.

LOPES, Maria Immacolata Vassalo. *Pesquisa em Comunicação*. Formulação de um modelo metodológico. São Paulo: Loyola, 1990.

LUZ, Paulo Júnior Melo da. *Cidadania transcomunicativa: processos comunicacionais de mulheres transexuais e travestis*. Tese apresentada no Programa de Pós-Graduação em Ciências da Comunicação da Universidade do Vale do Rio dos Sinos, em 2022, sob a orientação de Jiani Adriana Bonin. São Leopoldo: UNISINOS, 2022.

MAIA, Lídia Raquel Herculano. *A política dos eleitores no Facebook dos candidatos: uma análise de dispositivos interacionais construídos nas eleições presidenciais de 2014*. Tese de doutoramento apresentada no Programa de Pós-Graduação em Ciências da Comunicação da Universidade do Vale do Rio dos Sinos, em 2019, sob a orientação de José Luiz Warren Jardim Gomes Braga. São Leopoldo: UNISINOS, 2019.

MARQUES DE MELO, José. "A Pesquisa em Comunicação: Trajetória Latino-americana". In: idem. *Comunicação: Teoria e Política*. São Paulo: Summus Editorial, 1985.

MENDONÇA, Hermundes Souza Flores de. *Judiciário midiatiza(n)do: tensões entre norma e experimentação social*. Tese apresentada no Programa de Pós-Graduação em Ciências da Comunicação da Universidade do Vale do Rio dos Sinos, em 2021, sob a orientação de José Luiz Warren Jardim Gomes Braga. São Leopoldo: UNISINOS, 2021.

MORAGAS SPA, Miguel. *Teorías de la comunicación. Investigación sobre los medios en América y Europa*. Barcelona: Gustavo Gili, 1981.

MOTTA, Taís Flores da. *Descobrindo rupturas paradigmáticas na publicidade: os vídeos do Porta do Fundos, a presença incomum de marcas e os usos e apropriações dos inscritos comunicacionais do Canal no YouTube*. Tese apresentada no Programa de Pós-Graduação em Ciências da Comunicação da Universidade do Vale do Rio dos Sinos, em 2020, sob a orientação de Alberto Efendy Maldonado. São Leopoldo: UNISINOS, 2020.

NEVES, Manoella Maria Pinto Moreira das. *Cartazes circulantes: atores, instituições e ambientes de manifestações midiatizadas*. Tese de doutoramento defendida em 2017, no Programa de Pós-Graduação em Ciências da Comunicação, na Universidade do Vale do Rio dos Sinos, sob a orientação de Jairo Getúlio Ferreira. São Leopoldo: UNISINOS, 2017.

OLIVEIRA, Sônia Maria Queiroz de. *Sujeitos surdos e cidadania comunicativa: processos comunicacionais na Associação dos Surdos de Governador Valadares (Asugov) e em seu Facebook*. Tese apresentada no Programa de Pós-Graduação em Ciências da Comunicação da Universidade do Vale do Rio dos Sinos, em 2021, sob a orientação de Jiani Adriana Bonin. São Leopoldo: UNISINOS, 2021.

PAVAN, Recardo. *Tradições e contemporaneidade na midiatização das identidades culturais: As configurações humorísticas radiofônicas do Top Show e os sentidos produzidos por ouvintes do Extremo-Oeste de Santa Catarina*. Tese defendida no Programa de Pós-Graduação de Ciências da Comunicação da UNISINOS, sob a orientação de Jiani Adriana Bonin, em 2011.

PEDROSO, Daniel Silva. *Interações entre a televisão e o telespectador na sociedade em vias de midiatização: um estudo de caso do quadro "A Empregada mais cheia de charme do Brasil" do programa* Fantástico. Tese de doutoramento defendida em 2015, no Programa de Pós-Graduação em Ciências da Comunicação, na Universidade do Vale do Rio dos Sinos, sob a orientação de Antônio Fausto Neto.

PETRY, Daniel Bassan. *As lembranças propostas pelo* software: *o agir e aprender do Google Fotos na manutenção e curadoria de imagens pessoais.* Tese de doutoramento defendida em 2017, no Programa de Pós-Graduação em Ciências da Comunicação, na Universidade do Vale do Rio dos Sinos, sob a orientação de Gustavo Daudt Fischer. São Leopoldo: UNISINOS, 2017.

PFROMM NETTO, Samuel. *Comunicação de Massa.* São Paulo: Pioneira/EDUSP, 1972.

REBS, Rebeca da Cunha Recuero. *Identidade em social network games: a construção da identidade virtual do jogador do FarmVille e do SongPop.* Tese de doutoramento defendida no Programa de Pós-Graduação em Ciências da Comunicação da Universidade do Vale do Rio dos Sinos, sob a orientação de Jiani Adriana Bonin. São Leopoldo: UNISINOS, 2014.

RODEMBUSCH, Rodrigo Severo. *Rádio comunitária e cidadania comunicativa: interações entre comunicadores locutores e ouvintes das Rádios Comunitárias Lomba do Pinheiro e A Voz do Morro.* Tese de doutoramento apresentada no Programa de Pós-Graduação em Ciências da Comunicação da Universidade do Rio dos Sinos, em 2018, sob a orientação de Jiani Adriana Bonin. São Leopoldo: UNISINOS, 2018.

ROSA, Ana Paula. "Imagens totens e circulação: a chancela jornalística no caso do Michael Jackson". In: *Revista da Associação Nacional dos Programas de Pós-Graduação em Comunicação/ E-compós*, Brasília, v. 17, n. 2, mai/ago, 2014, 18 p. Disponível em: http://www.compos.org.br/seer/index.php/e-compos/article/viewFile/1052/780.

ROSNAY, Joël de. *Je cherche à comprendre... Les codes cachés de la nature.* Paris: LLL (Les Liens qui Libèrent), 2016.

_____. *Le cerveau planétaire*. Paris: Olivier Orban, 1986.

_____. *L'homme symbiotique. Regard sur le troisième millénaire*. Paris: Éditions du Seuil, 2000.

_____. *Symphonie du Vivant. Comment l'épigénétique va changer votre vie*. Paris: LLL (Les Liens qui Libèrent), 2018.

SAGGIN, Lívia Freo. *Educomunicação, mídias digitais e cidadania: apropriações de oficinas educomunicativas por jovens da Vila Diehl na produção do* blog *Semeando Ideias*. Tese apresentada no Programa de Pós-Graduação em Ciências da Comunicação da Universidade do Vale do Rio dos Sinos, em 2020, sob a orientação de Jiani Adriana Bonin. São Leopoldo: UNISINOS, 2020.

SALDANHA, Ana Paula de Siqueira. *Requalificação da política pela mídia: O papel do telejornal nas eleições de 2002*. Tese defendida no Programa de Pós-Graduação da UNISINOS, em 2003, com a orientação de Antônio Fausto Neto.

SANTOS, Hilario Junior dos. *A cidade-jogo em videogames: uma flânerie por Bioshock Infinity e Assassin's Creed: Unity*. Tese apresentada no Programa de Pós-Graduação em Ciências da Comunicação da Universidade do Vale do Rio dos Sinos, em 2020, sob a orientação de Sonia Estela Montaño la Cruz. São Leopoldo: UNISINOS, 2020.

SANTOS, Julio Cezar Colbeich dos. *Quase famosos: Estudo de caso sobre a visibilidade midiática do Grupo Voz*. Tese de doutoramento defendida em 2017, no Programa de Pós-Graduação em Ciências da Comunicação, na Universidade do Vale do Rio dos Sinos, sob a orientação de Fabrício Lopes da Silveira. São Leopoldo: UNISINOS, 2017.

SODRÉ, Muniz. *Antropológica do espelho: uma teoria da comunicação linear e em rede*. Petrópolis: Vozes, 2002.

SANTUC, Vicente. *Nietzsche. Claves de Lectura*. Lima: Universidad Ruiz de Montoya, 2022.

SAYLA, Bantu Mendonça Katchipwi. *A circulação da agressividade em adolescentes angolanos sob a perspectiva da midiatização: disputas interacionais como busca de reconhecimento nas esferas de consumo e produção dos bens da indústria cultural*. Tese apresentada no

Programa de Pós-Graduação em Ciências da Comunicação da Universidade do Vale do Rio dos Sinos, em 2020, sob a orientação de Pedro Gilberto Gomes. São Leopoldo: UNISINOS, 2020.

SBARDELOTTO, Moisés. *E o verbo se fez rede: uma análise da circulação do "católico" em redes comunicacionais* on-line. Tese de doutoramento defendida em 2016, no Programa de Pós-Graduação em Ciências da Comunicação, na Universidade do Vale do Rio dos Sinos, sob a orientação de Jairo Getúlio Ferreira.

SCHULZ, Winfried. *The end of mediatization*. The International Symposium "Political communication at a crossroads: An International Encyclopedia", Milano, 17 March 2017.

SGORLA, Fabiane. *Complexificação da zona de contato na ambiência midiatizada: um estudo da interação do Jornal Nacional com os receptores na fan page no Facebook*. Tese de doutoramento defendida em 2014, no Programa de Pós-Graduação em Ciências da Comunicação, na Universidade do Vale do Rio dos Sinos, sob a orientação de Antônio Fausto Neto.

SIERRA G., Luiz Ignácio. *A Tele Fé: Religião Midiatizada – Estratégias de reconhecimento de sentidos religiosos de telefiéis do canal REDEVIDA de Televisão em Porto Alegre, RS*. Tese defendida no Programa de Pós-Graduação em Ciências da Comunicação da UNISINOS, em 2006, sob a orientação de Pedro Gilberto Gomes.

SILVA NETO, João Damasio da. *O caso dos museus espíritas: iconicidade do imaginário na midiatização*. Tese apresentada no Programa de Pós-Graduação em Ciências da Comunicação da Universidade do Vale do Rio dos Sinos, em 2022, sob a orientação de Ana Paula Rosa. São Leopoldo: UNISINOS, 2022.

SILVA, Ana Beatriz Nunes da. *Culturas e identidades piauienses nas produções da ABD-PI: construções audiovisuais e cidadania comunicativa/cultural*. Tese de doutoramento defendida no Programa de Pós-Graduação em Ciências da Comunicação da Universidade do Vale do Rio dos Sinos, sob a orientação de Jiani Adriana Bonin. São Leopoldo: UNISINOS, 2014.

SILVA, Breno Inácio da. *Ressocialização: a comunicação como caminho epistêmico de reconstrução do sistema prisional*. Tese apresentada no Programa de Pós-Graduação em Ciências da Comunicação da Universidade do Vale do Rio dos Sinos, em 2021, sob a orientação de Ana Paula Rosa. São Leopoldo: UNISINOS, 2021.

SILVA, Carmem Souza. *Embates sobre o webjornalismo brasileiro: censura, controle e resistência na midiatização do jornalismo na internet*. Tese defendida no Programa de Pós-Graduação em Ciências da Comunicação da UNISINOS, sob a orientação de Antônio Fausto Neto, em 2012.

SILVA, Gilson Luiz Piber da. *Analítica da midiatização esportiva: estratégias discursivas das colunas/istas Juca Kfouri e Tostão sobre a Copa do Mundo de 2014 na* Folha de S. Paulo. Tese de doutoramento defendida em 2016, no Programa de Pós-Graduação em Ciências da Comunicação, na Universidade do Vale do Rio dos Sinos, sob a orientação de Gustavo Fischer Daudt.

SILVA, Marciano Rogério da. *Lógicas de interpenetração dos campos comunicacional e jurídico na tentativa de (re)construção da realidade factual*. Tese apresentada no Programa de Pós-Graduação em Ciências da Comunicação da Universidade do Vale do Rio dos Sinos, em 2022, sob a orientação de Jiani Adriana Bonin. São Leopoldo: UNISINOS, 2022.

SILVA, Pedro Vasconcelos Costa e. *CBF VAR em midiatização (2018-2022): a circulação como uma dimensão para a percepção das inovações no espetáculo esportivo*. Tese apresentada no Programa de Pós-Graduação em Ciências da Comunicação da Universidade do Vale do Rio dos Sinos, em 2022, sob a orientação de Antônio Fausto Neto. São Leopoldo: UNISINOS, 2022.

SILVA, Reia Sílvia Rios Magalhães e. *Corrida de ratos? A inscrição de docentes e discentes em processos midiáticos: percepções dos agentes educacionais sobre usos e interações na produção acadêmica em redes digitais*. Tese de doutorado defendida no Programa de Pós-Graduação em Ciências da Comunicação da Universidade do Rio dos Sinos, 2014, sob a orientação de Jairo Ferreira da Silva.

SOSA, Arturo. *Enviados a colaborar en la reconciliación de todas las cosas en Cristo*. Roma: De Statu Societatis Iesu, 2023.

SOSTER, Demétrio de Azeredo. *O jornalismo em novos territórios conceituais: internet, midiatização e a reconfiguração dos sentidos midiáticos*. Tese defendida no Programa de Pós-Graduação de Ciências da Comunicação da UNISINOS, sob a orientação de Antônio Fausto Neto, em 2009.

SOUSA, Marcelo Igor de. *Processos tentativos de interação entre governo e sociedade: Casos e percalços comunicacionais nos Governos Dilma Rousseff*. Tese apresentada no Programa de Pós-Graduação em Ciências da Comunicação da Universidade do Vale do Rio dos Sinos, em 2018, sob a orientação de Antônio Fausto Neto. São Leopoldo: UNISINOS, 2018.

SOUSA, Marco Tulio de. *Pelos caminhos de Santiago: dicotomias em uma experiência de peregrinação midiatizada*. Tese apresentada no Programa de Pós-Graduação em Ciências da Comunicação da Universidade do Vale do Rio dos Sinos, em 2020, sob a orientação de Ana Paula da Rosa. São Leopoldo: UNISINOS, 2020.

SOUZA JÚNIOR, Arnaldo Oliveira. *Midiatização do jornalismo esportivo em ambiente digital: interações entre produtores e receptores em blogs dos websites Espn-Estadão, Sportv, Placar e Lancenet*. Tese de doutoramento defendida em 2014, no Programa de Pós-Graduação em Ciências da Comunicação, na Universidade do Vale do Rio dos Sinos, sob a orientação de Antônio Fausto Neto.

TEIXEIRA, Andres Kalikoske. *Televisão na América Latina: da indústria cultural à cultura da convergência*. Tese de doutoramento defendida no Programa de Pós-Graduação em Ciências da Comunicação da Universidade do Vale do Rio dos Sinos, sob a orientação de Efendy Maldonado. São Leopoldo: UNISINOS, 2014.

VIEIRA, Eloy Santos. *Quando a telenovela vira meme: como a Zuera e o Melodrama se articulam a partir dos memes da reprise de Avenida Brasil*. Tese apresentada no Programa de Pós-Graduação em Ciências da Comunicação da Universidade do Vale do Rio dos Sinos, em 2021, sob a orientação de Adriana da Rosa Amaral. São Leopoldo: UNISINOS, 2021.

WESCHENFELDER, Aline. *Manifestações da midiatização – Transformação dos atores sociais em produção e recepção: O caso Camila Coelho*. Tese apresentada no Programa de Pós-Graduação em Ciências da Comunicação da Universidade do Vale do Rio dos Sinos, em 2019, sob a orientação de Antônio Fausto Neto. São Leopoldo: UNISINOS, 2019.

WOLF, Mauro. *Teorias da Comunicação*. Lisboa: Editorial Presença, 1987.

XAVIER, Monalisa Pontes. *A Consulta transformada: experimentações de dispositivos interacionais "psi" na sociedade em midiatização*. Tese de doutoramento defendida no Programa de Pós-Graduação em Ciências da Comunicação da Universidade do Vale do Rio dos Sinos, sob a orientação de Jose Luiz Warren Jardim Gomes Braga. São Leopoldo: UNISINOS, 2014.

ZUCOLO, Rosana Cabral. *Dispositivos interacionais e interações midiatizadas: um estudo sobre a Implementação do Projeto Maleta Futura, Canal Futura, em Santa Maria e Passo Fundo/RS*. Tese de doutoramento defendida no Programa de Pós-Graduação em Ciências da Comunicação da Universidade do Vale do Rio dos Sinos, sob a orientação de Jose Luiz Warren Jardim Gomes Braga. São Leopoldo: UNISINOS, 2014.

Edições Loyola

editoração impressão acabamento

Rua 1822 n° 341 – Ipiranga
04216-000 São Paulo, SP
T 55 11 3385 8500/8501, 2063 4275
www.loyola.com.br